Ralf Hillmann

„Spirituell auf deine Weise“

Spiritualität entdecken und Bewusstsein entwickeln: Ein Bewusstseinstraining zur Fokussierung des eigenen Lebensglücks

Überarbeitete Neuauflage

LEBENSSCHRITTE
VERLAG

www.spirituell-auf-deine-weise.de
LebensSchritte Verlag
Zargleben 3A
29487 Luckau/Wendland

Umschlaggestaltung: ebokks, Braunschweig, www.ebokks.de
Druck und Bindung: PRINT GROUP Sp. z o.o.
Umschlagmotiv: Tobias Schnotale, Ralf Hillmann

ISBN: **978-3-945494-01-1**

Dieser Titel ist auch als eBook erhältlich.

Hinweis zur Haftung

Die im Buch veröffentlichten Gedanken und Empfehlungen basieren auf den Erfahrungen des Autors und wurden intensiv erarbeitet und geprüft. Weder Autor noch Verlag können für in diesem Buch gemachte Angaben Gewähr übernehmen. Es bleibt in Ihrer alleinigen Verantwortung als Leser, als Leserin jede der gemachten Angaben Ihrer eigenen Prüfung zu unterziehen. Auf die geltenden gesetzlichen Bestimmungen weisen wir ausdrücklich hin.

INHALTSVERZEICHNIS

EINFÜHRUNG

TEIL 1
VERBINDEN-SENDEN-EMPFANGEN

TEIL 2
EIN UNTERSTÜZENDES BEWUSSTSEIN ENTWICKELN – VORBEREITUNG

TEIL 3
SPIRITUELLER ÜBUNGSTEIL

Die Idee zu „Spirituell auf deine Weise"

Schon in meiner Jugend- und frühen Erwachsenenzeit habe ich mich für das Thema „Gesundheit für Körper, Geist und Seele" sehr interessiert. In der Regel las ich am Abend vor dem Zubettgehen in Büchern, die von Ernährung, Psychologie oder Selbsterfahrung handelten. Oft dienten diese als Ratgeber um sich selbst reflektieren oder verändern zu können. Auch ging es um das Definieren von beruflichen oder privaten Zielen. Viele dieser Werke waren äußerst spannend und aufschlussreich. Meist ging es darum, das angelesene Wissen und die gewonnen Erkenntnisse anschließend im Alltag umzusetzen. Das gestaltete sich jedoch sehr schwierig. Weil ich viel arbeitete, kam ich nur selten an den Punkt, an dem ich mir die Zeit nahm, das Gelesene wirklich zu beherzigen. Freunden und Kollegen, die sich ebenfalls mit solchen Büchern beschäftigten, ging es oft genauso wie mir. Nach dem Lesen verschwanden die Ratgeber wieder in den Bücherregalen. Der Aha-Effekt und das beflügelnde Gefühl, das die Bücher vermittelten, verblassten im Alltagsgeschehen bald wieder. Entweder hatten wir kaum Zeit, uns mit den gewonnenen Erkenntnissen noch einmal auseinanderzusetzen oder die Ausarbeitung der jeweiligen Übungen war so aufwendig, dass wir nach einer Weile das Interesse daran verloren. Die Tatsache, dass es sich als schwierig erwies, an den jeweiligen Themen und Übungen dran zu bleiben, veranlasste mich schließlich, eine eigene Methode zur Verwirklichung meiner Ziele zu entwickeln. Erst als ich diese Systematik noch mit dem Element „Spiritualität" verknüpfen konnte, hatte ich etwas gefunden, das es mir ermöglichte, für mich Wichtiges auf relativ einfache Art und Weise zu verinnerlichen und umzusetzen. Bei der Entwicklung von „Spirituell auf deine Weise", legte ich daher besonderen Wert darauf, dass neue Erkenntnisse und gute Vorsätze nach dem Lesen nicht wieder in Vergessenheit geraten können. Das Ganze sollte obendrein auch noch unkompliziert sein, wenig Zeitaufwand erfordern und andere dazu ermutigen, Dinge zu verändern, die ihnen das Leben erschweren.

Empfehlung: Finden Sie, unabhängig von einer bestimmten Religion oder spirituellen Schule, über Ihre ganz persönlichen spirituellen Fähigkeiten, Ihren eigenen Weg und fangen Sie an, diesen zu leben. Auch ich fühle mich keiner speziellen Lehre zugehörig, aber ich bin fest davon überzeugt, dass es eine höher geordnete Macht im Universum gibt, der wir uns anvertrauen können. Aus eigener Erfahrung weiß ich um die Gefahr, körperlich und seelisch zu erkranken, wenn die Diskrepanz zwischen dem Leben, das wir führen möchten und jenem Leben, das wir tatsächlich führen, zu groß wird. Lassen Sie es erst gar nicht so weit kommen. Meiner Erfahrung nach sind unsere ganz persönlichen Eigenschaften, Bedürfnisse, Wünsche, Interessen und Ziele für unser Leben von größter Bedeutung und dazu da, erfüllt und gelebt zu werden. Allem was passiert, kann ein tieferer Sinn zugeordnet werden – auch negativen Ereignissen, die oft als Sprungbrett für Wachstum und Neues dienen können. Nehmen Sie anderen – und insbesondere auch sich selbst gegenüber – eine wertschätzende Haltung ein. Nur so können Sie für sich selbst und andere ein wertvoller Wegbegleiter sein. Gestalten Sie Ihr Leben nach eigenen Vorstellungen. Ihre Wünsche weisen Ihnen dabei den Weg.

EINFÜHRUNG

Von festgefahrenen Strukturen zu neuen Chancen und Möglichkeiten

Vielleicht empfinden Sie Ihr Leben gerade ähnlich oder genauso, wie es mir selbst noch vor einiger Zeit vorkam: Sie funktionieren nur noch. Ihr Alltag wird davon bestimmt, zu arbeiten, sonstigen Verpflichtungen nachzukommen und die Erwartungen anderer zu erfüllen. Es kommt Ihnen vor, als würden Sie Ihr Leben nicht nach eigenen Vorstellungen gestalten können, sondern als sei es von außen bestimmt. Dabei sehnen Sie sich nach Freizeit und Ruhe, vermissen Lebendigkeit und das Gefühl, sich wieder selbst zu spüren. Anstatt diesen Bedürfnissen nachzugehen, arbeiten Sie Ihre Aufgaben ab, in der Hoffnung, dadurch irgendwann an einem Punkt anzukommen, an dem Sie alles erledigt haben und wieder Zeit für sich finden. Aber wie sehr Sie sich auch anstrengen, irgendwie kommen Sie nie dort an. Kaum haben Sie ein Problem gelöst, taucht schon wieder ein neues auf. So möchten Sie die nächsten Jahre auf keinen Fall weitermachen!

Vielleicht sind Sie blockiert, weil Sie sich in Ihrer beruflichen Situation nicht mehr wohl fühlen. Eventuell gibt es zwischenmenschliche Beziehungen in denen Sie feststecken. Oder Sie fühlen sich in Ihrer Wohnung bzw. der Stadt, in der Sie leben, nicht mehr wohl. Möglicherweise sind es aber auch ganz andere Lebensumstände, die Ihr Leben erschweren und durch die Sie sich unwohl oder unmotiviert fühlen. Eigentlich würden Sie gerne etwas verändern, wissen aber nicht so recht, wie Sie das anstellen können. Sie schaffen es einfach nicht, sich entsprechend zu verhalten oder zu disziplinieren. Vielleicht haben Sie dazu schon – genau wie ich damals – verschiedene Bücher gelesen oder sogar ein Selbsthilfeseminar besucht? Meine Erfahrungen damit waren durchweg positiv. Ich erfuhr sehr viel über bestimmte Ursachen, blockierende Verhaltensmuster und andere sehr interessante psychologische Zusammenhänge. Alles diente dazu, mir über meine Wahrnehmung, mein Verhalten und mein Denken klar zu werden. Allerdings nützte mir das Wissen darüber, warum ich mich in bestimmten Situationen so und nicht anders verhielt oder mich so oder so fühlte, nicht viel. Ich hatte meine Verhaltens- und Denkmuster so verinnerlicht, dass ich es nicht schaffte, mich wirklich zu verändern. Letztlich ist es mir dann später doch noch gelungen, mein Leben neu auszurichten, indem ich meine Bedürfnisse, Wünsche und Interessen ernst zu nehmen begann. Ich fing an, mich meiner Spiritualität zu öffnen, dem Leben zu vertrauen und mir mit Hilfe einer einfachen Technik darüber klar zu werden, was ich verändern oder erreichen wollte. So konnte ich nach und nach meine alten Verhaltens- und Denkmuster durch neue ersetzen. Indem ich den eigenen Zielen, Wünschen und Vorstellungen vom Leben in meinem Bewusstsein mehr Raum gab, konnte ich so meinen Chancen und Möglichkeiten überhaupt erst begegnen. Im Grunde war das gar nicht so schwierig. Es erforderte nur ein gewisses Maß an Geduld. Denn nur Schritt für Schritt kann sich Verhalten und Denken verändern!

Was im Hinblick auf den spirituellen Teil meiner Vorgehensweise eine große Rolle für mich spielte, war der Glaube an eine übergeordnete Macht, der ich vertrauen konnte. Eine Kraft, die – wie ich mir vorstelle – bewirkt haben musste, dass sich unsere Erde in all ihrer Vielfalt entwickeln konnte. Ohne eine schöpferische Kraft, die der Entstehung aller Materie und allen Lebens zu Grunde liegt, ist es für mich nicht vorstellbar, dass solch ein vielgestaltiger

Kosmos hätte entstehen können. Alles hat seinen Sinn und alles wirkt zusammen. Als ich mir darüber klar wurde, konnte ich das, was ich bis dahin gelernt und an Lebenserfahrung gesammelt hatte, ganz neu zusammenfügen und ich verstand, welche Schlüsse ich aus meinem Wissen und meiner Vergangenheit zu ziehen hatte.

In den folgenden Kapiteln verdeutliche ich durch bestimmte Themen, über welche Vorgehensweisen und Einsichten ich es mit relativ geringem Aufwand geschafft habe, mich von alten Denk- und Verhaltensmustern zu lösen. Sie erfahren, wie es mir gelang, mich meinen Chancen und Möglichkeiten zu öffnen, um so meinen Bedürfnissen, Wünschen, Interessen und Zielen den Raum geben zu können, der ihnen entspricht. Ich bin zutiefst davon überzeugt, dass auch Sie Chancen und Möglichkeiten haben, die Ihnen zur Verwirklichung Ihrer Lebensträume und -ziele verhelfen können. Sie brauchen sich diesen nur zu öffnen. Das können Sie, indem Sie sich auf Ihre natürliche, spirituelle Wahrnehmungsfähigkeit einlassen und in den Fluss der natürlichen Gesetzmäßigkeit von Verbinden, Senden und Empfangen eintauchen. Was genau damit gemeint ist und wie Sie es schaffen können, Ihre spirituelle Seite zu entdecken sowie Ihre ureigenen Bedürfnisse, Wünsche, Interessen und Ziele zu verinnerlichen, sodass Veränderungen möglich werden, erfahren Sie mit „Spirituell auf deine Weise". Dabei geht es nicht darum, welche Bücher Sie lesen sollen, welche Kurse oder Seminare hilfreich für Sie sein könnten oder für welche Religionen bzw. geistlichen Lehren Sie sich interessieren sollten. Entscheidend ist, dass Sie selbst für sich entdecken, was Sie interessiert und zu lernen, dem Leben zu vertrauen und dem zu begegnen, was ganz speziell für Sie von Bedeutung ist.

Im Idealfall werden Sie alles mit größter Aufmerksamkeit lesen, sich Ihre Gedanken zu den einzelnen Themen machen, Ihre Meinungen überdenken und Ihre Überzeugungen formulieren. Jedoch wird es Ihnen wahrscheinlich trotzdem nicht auf Anhieb gelingen, Ihre Angewohnheiten, Verhaltensmuster oder Ihr altes Denken komplett zu verändern. Das können Sie vermutlich nur in kleinen Schritten erreichen. Mehr ist aber auch gar nicht nötig.

Dadurch, dass Sie sich Ihrer spirituellen Wahrnehmungsfähigkeit öffnen, wird es möglich, den eigenen Weg aus der Perspektive des Herzens heraus zu betrachten und ein Bewusstsein dafür zu entwickeln, diesen mit Selbstachtung und Eigenverantwortung zu gehen. Das, was Ihnen wichtig ist, werden Sie relativ bald herausgefunden haben und im Laufe der nächsten Monate durch gezieltes Verinnerlichen ganz gezielt in Ihren Fokus nehmen können. Wie das geht, erfahren Sie in Kapitel 2, „Ein unterstützendes Bewusstsein entwickeln". Sie werden vielleicht nicht all Ihre Ideale erreichen. Das spielt jedoch auch keine Rolle. Es geht nicht darum, alle Ideale zu erreichen, sondern sie zu kennen und ihnen Schritt für Schritt ein kleines Stückchen näher zu kommen. Denn das Näherkommen ist es, was uns mit Freude und Lebendigkeit erfüllt. Jeder kleine Schritt, den wir uns näher auf unsere Ideale und Ziele zubewegen, fühlt sich großartig an und gibt uns Kraft.

Als Kind war ich auf ganz natürliche Weise spirituell

Ich bin zwar evangelisch, jedoch wurde ich nicht wirklich religiös erzogen. Zur biblischen Geschichte fehlt mir jeglicher Bezug. Auf gar keinen Fall möchte ich aber diese oder irgendeine andere Religion kritisieren. Ganz im Gegenteil. Ich hatte mein Leben lang das Gefühl, dass es tatsächlich eine übergeordnete Macht in unserem Universum gibt oder zumindest geben könnte. Schon als kleiner Junge vermutete ich hinter bestimmten Ereignissen eine Art geheimnisvolle Kraft, zu der ich eine Verbindung verspürte und sprach manchmal nachts Gebete. Ich stellte mir vor, dass sie mich behütete und gut auf mich aufpasste. Was ich auch tat, mir war klar, dass für den Fall, dass es sie geben sollte, ich vor ihr sein durfte, wie ich war und wie ich wollte. Dadurch bekam ich das Gefühl, richtig und wichtig zu sein. Wenn ich mir etwas wünschte, sprach ich zu dieser Kraft. Nach dem Gebet erfand ich schnell ein kleines Ritual, mit dem ich mich bei ihr bedankte und – so würde ich es heute sagen – auf spirituelle Weise, den Glauben an die Erfüllung meines Wunsches in mir festigte. Nach dem Gebet hatte ich immer das Gefühl, dass mein Wunsch gut aufgehoben war, und ich machte mir keine Sorgen mehr, dass er sich nicht erfüllen könnte. Ich war nicht zutiefst davon überzeugt, dass es diese Kraft bzw. diesen Gott wirklich gab, aber ich hielt es für möglich und manchmal sogar für sehr wahrscheinlich. Immer wieder geschah etwas, das mir Grund gab, darüber nachzudenken. Irgendwie fügten sich die Dinge oft so, wie es für mich richtig war. Später hatte ich den Kontakt nach „oben" ziemlich vernachlässigt und mich meiner Spiritualität wieder mehr verschlossen.

Heute bin ich jedoch davon überzeugt, dass es etwas gibt, an das man glauben kann. Für mich ist es eine kosmische Intelligenz, eine allumfassende Kraft, die im gesamten Universum jeden Menschen, jedes Tier, jede Pflanze und jede Materie gleichermaßen durchdringt und miteinander zu einem großen Ganzen verbindet. Ich finde, ob man es nun als Gott, allumfassende Kraft, universelle Intelligenz oder sonst etwas benennt, spielt keine Rolle. Jeder sollte seine eigene Bezeichnung dafür finden dürfen und selbst entscheiden können, wie bzw. an wen oder was er glaubt. Vielleicht ist das, was wirklich dahinter steht, so groß und umfassend, dass der Mensch gar nicht in der Lage ist, es im Ganzen erfassen zu können! Obwohl ich mit Mitte dreißig bereits wieder anfing, mich mehr für die Frage, ob es eine übergeordnete Macht geben könnte, zu interessieren, kam ich erst mit vierundvierzig Jahren an einem Punkt in meinem Leben an, an dem ich mir meines Glaubens sicher war.

Als nichts mehr ging, kehrte meine Spiritualität zu mir zurück

Viele Jahre funktionierte ich in meinen Berufen als Angestellter einwandfrei. Vorgesetzte hatten schnell gemerkt, dass ich meine Aufgaben stets flink, gewissenhaft und mit vollem Einsatz erledigte. Wenn es darum ging, zusätzliches Arbeitsaufkommen zu bewältigen, war schnell klar, wer sich ohne zu murren darum kümmern würde. Zwischen meinem 17. und 34. Lebensjahr habe ich permanent zu viel gearbeitet. In der wenigen Zeit, die für mich übrig blieb, kümmerte ich mich um den Haushalt und andere Verpflichtungen. Grob gesagt, hatte ich den Sonntag zur freien Verfügung. Und selbst der war ab dem späten Nachmittag schon wieder belagert von den Gedanken an Montag früh und den Rest der kommenden Woche.

Nach meinem Realschulabschluss machte ich eine Ausbildung zum Staudengärtner. Den sogenannten „Grünen Daumen" hatte ich bereits in die Wiege gelegt bekommen. Einmal abgesehen davon, dass ich diesen Beruf sehr gern erlernt habe, war die dreijährige Ausbildung eine harte und anstrengende Zeit. Durch mein Bedürfnis, es immer allen recht machen zu wollen und um mir bloß keinen Tadel einzuhandeln, lastete auf mir ein sehr hoher Leistungsdruck. Trotz allem war ich dabei immer – von ganzem Herzen – freundlich und zuvorkommend.

Für ein Gehalt, mit dem ich keine großen Sprünge machen konnte, arbeitete ich nach meiner Ausbildung in einem Gartencenter. Vollzeit natürlich. Dazu kamen noch zahlreiche unbezahlte Überstunden. Drei Jahre später wechselte ich zu einer Blumenladenkette, bei der ich zuerst als normale Hilfskraft, später als stellvertretender Filialleiter und schließlich mehrere Jahre als Filialleiter tätig war. Die Strategien meiner Vorgesetzten sowie meine Verhaltensweisen und -muster damit umzugehen, waren die gleichen geblieben. Ich funktionierte wie ein Uhrwerk und dass ich mich auch noch krank zur Arbeit schleppte, war für mich selbstverständlich.

Der mit dem enormen Arbeitsanfall verbundene Stress brachte mich an die Grenzen meiner Belastbarkeit. Mit ca. dreißig Jahren war ich an einem Punkt angekommen, an dem mir klar wurde, dass ich so nicht mehr länger durchhalten konnte. Aber da ich daran gewöhnt war, für andere zu funktionieren, war ich kaum dazu in der Lage, meinen eigenen Bedürfnissen in einem gesunden Maße Beachtung zu schenken. Ich hatte, so dachte ich zumindest, nur die Wahl zwischen diesem Job oder einem anderen, der auch nicht besser war. Warum also den Aufwand betreiben, mir eine andere Stelle zu suchen und unnötig Energie vergeuden?

Einerseits zu glauben, dass man nicht fähig ist, eine bessere Situation herbeizuführen und andererseits zu wissen, dass es so nicht weitergehen kann, ist eine fatale Angelegenheit. Ich dachte an nichts anderes, als daran, wie ich mich dort hinausmanövrieren könnte. Aber etwas Entsprechendes zu unternehmen, dazu fühlte ich mich nicht in der Lage. Ich wusste einfach nicht, was ich machen sollte. Weniger zu arbeiten, das war mein Wunsch. Am besten in einem Job, der mir Spaß machte und der mich vielleicht nur halb so viel Zeit kostete, als die bisherigen.

Nachdem ich viel zu lange in dieser Situation festgesteckt hatte, ergab sich glücklicherweise „rein zufällig" für mich die Möglichkeit in ein kleines Teefachgeschäft zu wechseln. Dort konnte ich in Teilzeit vier Tage in der Woche arbeiten und hatte obendrein die Gelegenheit, endlich etwas anderes auszuprobieren. Zwar war es immer noch der Einzelhandel, aus dem ich – nicht zuletzt wegen der langen Ladenöffnungszeiten – raus wollte, aber die Arbeit machte mir große Freude. Dem Einzelhandel ganz den Rücken zu kehren war dennoch mein eigentliches Ziel. Aber ich zweifelte, ob dieses Ziel realistisch für mich war. Schließlich hatte ich ja nur meine Gärtnerausbildung. Vielleicht sollte ich eher froh sein, dass ich durch meine langjährige Beschäftigung im Einzelhandel entsprechende Berufserfahrungen vorweisen konnte!?

Eineinhalb Jahre später wurde mir gekündigt. Der Grund dafür war unglaublich und die Vorwürfe verletzten mich sehr. Mir wurde unterstellt, Geld aus der Kasse entwendet zu haben. Mit diesem Vorwurf wurde ich einfach nicht fertig. Es war das Furchtbarste, was mir bis dahin überhaupt passiert war und es fühlte sich an, als würde mir der Boden unter den Füßen weggerissen. Kurzzeitig nahm ich deswegen sogar psychologische Hilfe in Anspruch. Ein Anwalt erreichte dann wenigstens, dass mir das Gehalt noch ausgezahlt wurde. Auf eine Gerichtsverhandlung bei der ich meine Wiedereinstellung hätte erreichen können, verzichtete ich. So hart mir dieser Vorfall damals auch vorgekommen ist, einige Zeit später erkannte ich, dass es im Grunde das Beste war, was mir passieren konnte! Schließlich wollte ich aus dem Einzelhandel aussteigen und ohne diesen Vorfall hätte ich das vermutlich nie geschafft.

Durch diese von außen herbeigeführte Veränderung, kam eine ganze Folge weiterer Veränderungen in Gang. Das, wovor ich immer Angst gehabt hatte, nämlich ohne Arbeit bald meine Miete und andere Dinge nicht mehr bezahlen zu können und alles zu verlieren, trat überhaupt nicht ein. Ich kam endlich zu mir und konnte über mein Leben in Ruhe nachdenken. Ich verdiente mir mit einer leichten Callcenter-Tätigkeit etwas zum Arbeitslosengeld dazu und konnte wieder lernen, Freizeit zu gestalten. Das war anfangs gar nicht so einfach, denn durch das jahrelange Funktionieren in meinen zeitaufwändigen Jobs hatte ich es komplett verlernt, freie Zeit sinnvoll mit Leben zu füllen.

Etwa ein Jahr später begann ich eine kaufmännische Umschulung, die für mich eine ganz neue und wunderbare Erfahrung war. Voller Energie und mit großer Begeisterung engagierte ich mich dafür. Ich erzielte einen der bundesweit besten Abschlüsse und wurde sogar zu einer Ehrung der Industrie- und Handelskammer in Frankfurt am Main eingeladen. Ich fand relativ bald eine passende Sekretariats- und Verwaltungsstelle. Die Arbeit im Büro war etwas ganz Neues und machte mir Spaß.

Nach einigen Jahren war ich dann aber wieder an einem Punkt angekommen, an dem ich das Bedürfnis verspürte, mich erneut beruflich zu verändern. Eigentlich wusste ich gar nicht genau, was ich jetzt wollte. Ich hatte einfach das Gefühl, dass es für mich noch etwas ganz anderes geben müsste.

Einige Zeit zuvor hatte ich mein Bewusstseinstraining – anfangs nur für mich selbst – entwickelt und fast täglich angewendet. Mir war damals allerdings noch nicht klar, dass die Wirkung meines Trainings bereits eingesetzt hatte und Einfluss auf das weitere Geschehen nahm.

Mittlerweile war das Arbeitsaufkommen im Büro so komplex geworden, dass ich selbst an meinen freien Tagen permanent die Arbeit im Kopf hatte. Ich war also wieder an der Stelle angekommen, an der für Entspannung und Freizeitgestaltung kaum noch Platz blieb. Auch, wenn ich im Vergleich zu früher weniger arbeitete, drehten sich die Gedanken in meinem Kopf nur noch um den Job. An die Möglichkeit eine bessere Stelle zu finden, glaubte ich nicht. Wahrscheinlich wäre ich noch lange an diesem Büroarbeitsplatz geblieben, wenn nicht wieder etwas passiert wäre, das mich quasi wie von Geisterhand in eine neue Richtung gehen ließ.

Diesmal wurde mir zwar glücklicherweise keine Gemeinheit unterstellt, aber das, was mich dazu bewog etwas zu verändern, war mindestens genauso schlimm. Ich bekam Husten, der sich so sehr steigerte, dass ich nachts kaum noch schlafen konnte. Er wurde begleitet von Fiebergefühlen, Schnupfen, Schwäche, Hals- und Gliederschmerzen. Dies ist erst einmal nicht unbedingt ungewöhnlich, ich hustete jedoch über dreizehn Monate lang. Die Begleiterscheinungen ließen zwar zwischendurch nach, kehrten aber immer wieder zurück. Bis auf ein paar Tage, an denen ich mich krankschreiben ließ, schleppte ich mich die meiste Zeit total erledigt ins Büro. Die Ärzte konnten nichts Ernstes feststellen. Zuerst hieß es, ich hätte Bronchitis. Nach Monaten quälenden Hustens wurde schließlich Keuchhusten vermutet. Die Diagnose war allerdings nicht eindeutig und erwies sich später als falsch. Obwohl man mich von Kopf bis Fuß gründlich untersucht hatte, konnten die Ärzte nicht erklären, warum ich krank war. Alle meine Werte waren vollkommen in Ordnung. Ich hörte immer nur, dass ich Geduld haben müsste.

Die Arbeit wuchs mir durch meine ständige Erschöpfung bald über den Kopf. Ich war physisch und psychisch durch meine Beschwerden am Ende und verstehe heute nicht mehr, wie ich das überhaupt durchgehalten habe. Fast glaubte ich schon gar nicht mehr daran, wieder gesund werden zu können. Doch als der Husten dann endlich nach mehr als einem Jahr überstanden war, atmete ich im wahrsten Sinne des Wortes auf. Ich versuchte mich wieder neu im Büro einzufinden und alles aufzuarbeiten, was in der letzten Zeit liegengeblieben war. Der Wunsch nach Veränderung – unterstützt durch mein Bewusstseinstraining – war jedoch immer noch da. Ich hatte, nicht zuletzt wegen der schlimmen Erfahrung meiner ungerechtfertigten Kündigung im Einzelhandel, mittlerweile die Vorstellung, dass man in allem, was einem im Leben passiert, einen tieferen Sinn finden konnte. Ich dachte oft darüber nach, welchen Sinn es geben könnte, dreizehn Monate lang zu husten und sich krank und schlapp zu fühlen. Aber ich hatte es ja überstanden! Gibt es vielleicht doch Dinge im Leben, die man einfach hinnehmen muss und die keinen tieferen Sinn haben? Ich wollte es einfach nicht begreifen. Statt die Warnsignale meines Körpers zu verstehen, machte ich einfach weiter wie zuvor. Wieder gesund zu sein, fühlte sich so gut an, dass ich mit meinem

Job jetzt sogar wieder ganz zufrieden war. Vielleicht sollte ich einfach begreifen, dass es mir doch im Grunde ganz gut ging? Aber irgendwie war ich mit dieser Erklärung nicht glücklich. Nach einigen Wochen kam der Husten zurück. Wieder fühlte ich mich ständig matt und total erledigt. Wenn ich nach meinem Befinden gefragt wurde, war ich oft den Tränen nahe. Wieder schleppte ich mich Tag für Tag durch mehrere Monate. Ich wollte es immer noch nicht begreifen. Erneut war ich nach Monaten wieder hustenfrei und machte weiter wie zuvor.

Einige Zeit später, mitten im Sommer, bei schönstem Wetter, fing ich mir dann eine Lungenentzündung ein. Ich hatte nun nicht mehr die Kraft, arbeiten zu gehen und wurde für fünf Wochen krankgeschrieben. Innerhalb dieser fünf Wochen veränderte sich mein Zustand nur unwesentlich. Aber der Arzt war davon überzeugt, dass ich nun wieder arbeiten gehen könnte. Irgendwie wird es schon gehen, dachte ich, sicher hat der Arzt Recht und der Husten wird in den nächsten Tagen merklich besser. Nach drei furchtbaren Wochen klappte ich dann endgültig zusammen und fiel für weitere acht Wochen aus. Innerhalb dieser acht Wochen fiel bei mir dann endlich der Groschen. Plötzlich wurde mir klar, was dieses ständige Kranksein zu bedeuten hatte. Es machte mich darauf aufmerksam, dass ich mein Leben nicht wie bisher weiterführen konnte, sondern etwas verändern musste. Von einer Sekunde auf die andere, wurde mir klar, was ich zu tun hatte. Es war nicht so, als wäre ich nach reiflicher Überlegung zu dieser Erkenntnis gekommen. Es war eher so, als hätte sich mit einem Mal ein Schalter in mir umgelegt.

Da ich über mein Bewusstseinstraining Ziele verinnerlicht hatte, die zu meinem bisherigen Leben einfach nicht mehr passten, entwickelten sich die Dinge in meinem Leben so, dass ich gezwungen war, endlich etwas zu verändern. Ich fühlte mich plötzlich wie von etwas Höherem geführt. Es gab weder Angst vor den Konsequenzen noch vor irgendetwas anderem. Es fühlte sich zwar fremd und ungewohnt an, war aber auch wunderbar und leicht. Ich stieg ohne zu zögern aus dem Bett auf und schrieb meine Kündigung.

Zu diesem Zeitpunkt hatte ich keine Ahnung, wie mein künftiges Leben aussehen sollte. Ich hatte keine Idee, was ich hätte machen können oder wie es überhaupt weitergehen konnte. Aber eines war trotz allem ganz gewiss: Ich war zutiefst davon überzeugt, dass sich alles finden würde. Ich zweifelte nicht an der Erkenntnis, dass meine Krankheit den Sinn hatte, etwas ganz Neues anzufangen. So wie damals, als mir der Job gekündigt wurde und sich dadurch neue Möglichkeiten ergaben.

Bei einem Reha-Aufenthalt wurde ich schließlich wieder gesund. Ich beschloss, von nun an noch mehr auf meine Gesundheit zu achten. Seitdem betreibe ich täglich Nordic-Walking, das ich bereits einige Monate zuvor sporadisch begonnen hatte. Bei diesen morgendlichen Ausflügen in die Natur fühlte ich mich ausgesprochen wohl. Ich war ganz bei mir und es gingen mir Tausend herrliche Gedanken durch den Kopf. Da ich mir immer noch nicht vorstellen konnte, wie ich in Zukunft meinen Lebensunterhalt verdienen sollte, beschäftigte ich mich damit, mir vorzustellen, womit ich ihn künftig auf gar keinen Fall bestreiten wollte. Außerdem malte ich mir aus, wie mein idealer Tag aussehen könnte und wie viel freie Zeit ich haben möchte. Wie viel Zeit ich fürs Arbeiten aufbringen konnte und welche Aktivitäten ich in den Alltag integrieren wollte.

Außerdem setzte ich mich damit auseinander, wie viel Zeit ich für private Interessen brauchte, was mir Spaß machte, worin ich gut war und was sonst alles eine Rolle für mich spielte. Vor allem wurde mir klar, dass ich beruflich etwas machen wollte, das meinen Interessen, Neigungen und Fähigkeiten entspricht. Erst als ich meine Wünsche und Vorstellungen sortiert und über mein Bewusstseinstraining verinnerlicht hatte, konnten sich die Dinge so fügen, dass sich die für mich passende Lösung ergab.

Eines Nachts wachte ich auf und wusste, wie es weitergehen konnte. Ich war völlig euphorisiert. Mir schien, als wäre mir dieser Einfall von außerhalb in mein Bewusstsein geleitet worden. Es fühlte sich wunderbar an und richtig. Auch wenn die Idee noch ausformuliert und weiterentwickelt werden musste, der zündende Gedanke zu „Spirituell auf deine Weise" kam tatsächlich in jener Nacht und breitete sich von da an in mir aus.

Anmerkung: Wenn Sie sich später mit dem Bewusstseinstraining vertraut gemacht haben und es regelmäßig anwenden, schauen Sie bitte rechtzeitig auf das, was Ihnen Kummer bereitet. Lassen Sie es nicht so weit kommen, dass Sie Signale ignorieren, die Sie darauf aufmerksam machen, etwas verändern zu müssen. Wenn Sie beispielsweise anfangen, das Ziel zu verinnerlichen, bald einer anderen Arbeit nachzugehen, dürfen Sie sich nicht wundern, wenn es immer schwieriger für Sie wird, in Ihrem alten Job zu verweilen. Oder wenn Sie das Ziel verinnerlichen, Ihr Leben künftig selbstbestimmter zu gestalten, brauchen Sie sich nicht zu wundern, wenn Ihr Körper und Ihre Seele immer heftiger auf Fremdbestimmung reagieren. Das Bewusstseinstraining lässt Sie auf den Weg in die eigene Richtung kommen. Hören Sie daher des Öfteren in sich hinein, achten Sie auf Ihre Bedürfnisse und nehmen Sie Ihre innere Stimme wahr. Fragen Sie sich, was es bedeuten könnte, dass Sie mit einer Situation unglücklich sind. Die Antwort muss nicht immer sein, dass Sie es hinter sich lassen und einfach alles hinschmeißen. Es geht auch erst einmal gar nicht darum, eine Lösung für das Problem zu finden, sondern darum, herauszufinden, was Sie stört und diese Empfindung ernst zu nehmen. Die Folgerung daraus wird meist sein, dass Sie etwas verändern müssen. Wenn Sie das verinnerlicht haben, können Sie nach Lösungen suchen. Oft reicht es aus, das Problem aufzugreifen und Lösungsmöglichkeiten tun sich wie von selbst auf. Das Verharren in den ungeliebten Lebensumständen lässt Sie nur noch tiefer in die Unzufriedenheit geraten. Körperliche und seelische Belastungen können auf Dauer Krankheiten verursachen. Machen Sie sich klar, dass Ihre Gesundheit das Kostbarste ist, was Sie haben.

Wie von selbst kam ich auf meinen neuen Weg

Seit meiner frühesten Jugend beschäftigte ich mich in der Freizeit mit dem Thema „Gesundheit für Körper, Geist und Seele". Der unschätzbare Wert gesund zu sein, wurde mir durch den frühen Tod meiner Mutter – sie starb mit sechsunddreißig Jahren an Brustkrebs und ich war gerade mal zehn Jahre alt – schmerzlich bewusst. Meine Liebe zur Natur, insbesondere zu Tieren und Pflanzen, nährte zusätzlich mein Interesse an Fragen ganzheitlicher Lebensführung. Mit den Jahren hatte ich mir also einiges an theoretischem Wissen auf diesen Gebieten angeeignet.

Mich gesund zu ernähren ist mir noch nie schwer gefallen. Ich finde es auch heute noch ganz leicht, auf Dinge einfach zu verzichten, wenn mir klar wird, dass sie ungesund sind. Da sah es beim Thema „Sport“ bzw. „Bewegung“ schon ganz anders aus. Ich kam nie über den Punkt hinaus, an dem ich mir vornahm, demnächst mit sportlichen Aktivitäten zu beginnen. Aber um gesund zu bleiben, reicht es nun einmal nicht aus, sich gesund zu ernähren. Noch nicht einmal, wenn man sich dazu ausreichend bewegt! Denn auch die Achtsamkeit gegenüber Geist und Seele spielt dabei eine Rolle. Im Grunde wusste ich das ja alles, nur nahm ich mich selbst oft nicht wichtig genug. Meine Verhaltens- und Denkmuster waren so tief in mir verankert, dass in Sachen Selbstverwirklichung bei mir nicht viel passieren konnte. Erst durch meine Krankheit kam ich an einen Punkt, an dem sich das änderte. Dadurch, dass ich schon damit rechnete, überhaupt nicht mehr gesund zu werden und vielleicht sogar sterben zu müssen, entwickelte ich ein neues Bewusstsein. Die Prioritäten für mein Leben verschoben sich. Es spielte bald vermehrt das in meinem Leben eine Rolle, was mich selbst ausmachte und an meinem Leben positiv war, als das, was andere von mir erwarteten und welche Widrigkeiten mein Leben beschwerten. Ich konnte dankbar sein, für das, was ich hatte und beschäftigte mich nicht mit dem, was ich nicht hatte. Über die Zeit, die mir sozusagen neu geschenkt wurde, konnte ich ganz anders verfügen als zuvor. Was ich machte und wie ich es machte, wollte ich nun nach Möglichkeit selbst bestimmen.

Etwas, das mir sehr geholfen hat, sensibel für meine eigenen Bedürfnisse und Wünsche zu werden, war die Teilnahme an regelmäßigen Treffen, die von einer guten Freundin, die sich auf eine schamanische Ausbildung vorbereitete, durchgeführt wurden. Wir trafen uns etwa alle vier Wochen zu sogenannten schamanischen Krafttierreisen. Wahrscheinlich würde ein Schamane die Vorgänge und Wirkungsweisen ganz anders erklären, aber für mich waren diese geistigen Ausflüge wie Spaziergänge durch mein eigenes Unterbewusstsein. Ich fand dadurch zu dem zurück, was für mich als Kind – ohne mir damals dessen bewusst gewesen zu sein – ganz selbstverständlich gewesen war: Nämlich zu meinen Wünschen, Gefühlen und inneren Bildern. Und das Schönste war, dass ich mich dadurch wieder der übergeordneten Macht annäherte, mit der ich mich als Kind so oft verbunden fühlte und für die ich meine kleinen Rituale erfunden hatte. Ganz war mir dieser Glaube nie verloren gegangen, jedoch schenkte ich ihm in den vielen Jahren, die seit meiner Kindheit vergangen waren, nur sehr wenig Beachtung. Obwohl immer wieder Dinge passierten, die mir irgendwie „magisch" vorkamen und die mich hätten glauben lassen können, dass etwas „Höheres" im Spiel gewesen war, konnte ich mich dieser Macht nicht wirklich öffnen. Durch die Krankheit und der von einem Gefühl innerer Führung ausgelösten Kündigung meiner Arbeitsstelle, war der Zeitpunkt gekommen. Alles hatte sich so ergeben, dass ich nun von der Existenz dieser übergeordneten Macht überzeugt war, denn ohne sie wären die Zusammenhänge, die dazu führten, mich verändern zu können, für mich nicht erklärbar.

Dadurch, dass ich zu meiner Spiritualität zurückfand und irgendwann anfing, mir über meine Wünsche, Interessen und Talente klar zu werden, kam mir die Idee, meine Erfahrungen mit der allumfassenden Kraftquelle und ihrem Einfluss auf meinen ganz persönlichen Lebensweg, anderen näher zu bringen. Womit ich Menschen, denen es genauso geht wie mir damals, ein Beispiel geben möchte, wie sie das Bestmögliche tun können, um ihren eigenen Weg zu finden und diesen mit Selbstachtung und Selbstliebe zu gehen. Menschen, die in Situationen und Lebensumständen feststecken und die das Bedürfnis haben, etwas zu verändern. Diesen Menschen möchte ich zeigen, wie man es schaffen kann – durch eine Veränderung des eigenen Blickwinkels – das Leben in andere Bahnen zu lenken, Möglichkeiten herbeizuführen und Veränderungen stattfinden zu lassen. Und – im Gegensatz zu mir – dies möglichst noch, bevor sie von ihren Problemen krank gemacht werden!

Die wichtigsten Bausteine hierfür, wie man zu den Erfolgen kommen kann, habe ich in „Spirituell auf deine Weise" zusammengetragen.

Noch ein paar Worte bevor es losgeht

Es handelt sich bei „Spirituell auf deine Weise" nicht um etwas, das Sie schnell einmal durchlesen und einfach so für sich übernehmen bzw. anwenden können. Zu allem, was Sie hier lesen, werden Sie aufgefordert, sich eigene Gedanken zu machen und eigene Entscheidungen zu treffen. Es geht also nicht darum, das Gelesene einfach so zu übernehmen. Vielmehr möchte ich Sie bitten, für sich selbst zu überprüfen, ob Sie mit dem, was Sie gelesen haben, etwas anfangen können. Ob Sie damit einverstanden sind oder manche Dinge vielleicht teilweise oder komplett anders sehen. Vielleicht würden Sie manches ganz anders ausdrücken oder noch Ergänzungen hinzufügen. Wichtig ist, dass Sie sich Ihre eigene Meinung bilden und Ihren eigenen Weg gehen. Dass jeder sein eigenes Leben, seinen eigenen Lebenssinn und seine eigene Lebensberechtigung mit unterschiedlichen Bedürfnissen, Talenten und Vorstellungen hat, sollten wir verstehen und uns gegenseitig zugestehen.

Wenn Ihnen „Spirituell auf deine Weise“ bestmöglich nützlich sein soll, ist eines als Grundvoraussetzung von größter Wichtigkeit: Der Glaube an eine höhere Macht. Ob Sie nun zutiefst von deren Existenz überzeugt sind oder ob Sie es zumindest nicht ausschließen, dass es sie geben könnte, spielt im Grunde keine Rolle. Aber auch dann, wenn Sie zu den Menschen gehören, die an gar nichts glauben, mag dieses Buch Ihnen sicher noch den einen oder anderen Denkanstoß geben, der Sie auf Ihrem Weg weiterbringt!

Sie erfahren, worüber ich mir klar werden musste und wie ich es dadurch schaffen konnte, auf meinen eigenen Weg zu kommen. Für einige meiner Erklärungen und Erfahrungen gibt es keine wissenschaftlichen Belege oder Nachweise. Ich habe weder Psychologie studiert noch eine spezielle spirituelle Ausbildung absolviert. Das, was ich Ihnen mitteilen möchte, formuliere ich in einfachen Worten, als jemand, der sich seiner eigenen spirituellen Wahrnehmung öffnete, dadurch seinen Chancen und Möglichkeiten begegnete und davon überzeugt ist, dass Sie es auf diese Weise auch schaffen können, sich selbst und Ihren Zielen näher zu kommen.

Ich wünsche Ihnen und mir, dass Sie von meinen Ausführungen berührt werden, sich öffnen und anfangen können, erste Schritte auf dem Weg in ein neues spannendes und selbstbestimmtes Leben voller Möglichkeiten und Veränderungen zu gehen!

Die eigene Richtung zu kennen ist ein wunderbares Gefühl. Jeder noch so kleine Schritt beschert Freude und Lebendigkeit. Dabei geht es nicht darum, das Leben auf einen Schlag zu verändern oder alles komplett neu zu sehen.

Das wird Ihnen vermutlich ohnehin nicht gelingen. Das ist aber auch gar nicht nötig. Sie werden durch Ihren ersten, zweiten und dritten Schritt in die eigene Richtung genauso glücklich sein, wie derjenige, der auf seinem Weg schon viele Schritte weiter ist. Das Maß der Freude, die Sie dabei erfüllt, verändert sich auf dem Weg des Weiterkommens nicht. Daher freuen Sie sich, wenn Sie noch einen weiten Weg vor sich haben. Er ist voller Leben.

Anmerkung: Wenn ich in diesem Buch erkläre, dass mir die schamanischen Treffen sehr viel gebracht haben, soll das nicht heißen, dass ich Ihnen rate, sich für Schamanismus zu interessieren. Ich möchte Sie dazu anregen, die für Sie ganz persönlich wichtigen Dinge im Leben zu entdecken. Das kann bei Ihnen etwas ganz anderes sein als bei mir. Die Menschen sind nun einmal aus gutem Grund unterschiedlich. Jeder hat seine eigene Wahrnehmung, seine eigenen Auffassungen und Interessen. Da wäre es doch sehr verwunderlich, wenn es ein einziges, für jeden passendes Rezept gäbe. Aus diesem Grund möchte ich Ihnen auch keinerlei Empfehlungen geben, welches Buch Sie sich beispielsweise kaufen sollten oder welche Kurse oder Seminare für Sie interessant sein könnten. Seien Sie offen für das, was für Sie richtig ist und dafür, was Sie auf Ihrer Reise zu sich selbst weiterbringen könnte. Wenn Sie sich erst einmal Ihrer Spiritualität geöffnet haben, werden Sie den Dingen, die für Sie von Bedeutung sind, von ganz allein begegnen.

Sicher gibt es Bücher, Kurse oder Seminare, die speziell für Sie sehr hilfreich und äußerst wichtig sein können. Vertrauen Sie darauf, dass Sie diese finden werden. Auch, wenn ich Ihnen hier und da einen Rat gebe oder eine Verhaltensweise empfehle, heißt das immer, dass Sie alles für sich persönlich prüfen sollten. Halten Sie sich auf keinen Fall an etwas, was Ihnen nicht wirklich zusagt. Das Schöne ist, Ihre spirituelle Wahrnehmung müssen Sie nicht erst erlernen! Wenn Sie diese bisher noch nicht entdeckt haben, brauchen Sie sich dieser nur zu öffnen. Um Ihnen speziell diesen Schritt zu erleichtern, durch den Sie alles Weitere selbst in Gang bringen können, finden Sie im dritten Teil von „Spirituell auf deine Weise“ Anregungen zum Erwecken Ihrer spirituellen Seite.

So arbeiten Sie mit „Spirituell auf deine Weise“

Bevor Sie richtig einsteigen, lade ich Sie nun erst einmal dazu ein, das – wie ich es nenne – Verbinden-Senden-Empfangen-Prinzip kennenzulernen. Die darauf folgenden Kapitel lesen Sie bitte jeweils unabhängig voneinander durch. Gehen Sie erst weiter, wenn Sie mit dem, was Sie gelesen haben, einverstanden oder sich Ihrer eigenen Meinung dazu bewusst geworden sind. Wenn Sie es für sich selbst interpretieren, werden Sie es viel intensiver verinnerlichen, als wenn Sie den Text einfach nur durchlesen.

Sie haben mehrere Möglichkeiten, aus dem Gelesenen, die für Sie passenden Schlüsse zu ziehen: Die erste Möglichkeit ist, Sie akzeptieren das Gelesene und übernehmen es genau so, wie Sie es vorgefunden haben. Oder Sie akzeptieren das Gelesene ganz oder teilweise und formulieren es trotzdem im Geiste für sich in Ihren eigenen Worten noch einmal so um, dass es für Sie noch mehr passt. Die dritte Möglichkeit ist, Sie stimmen dem Gelesenen nicht zu und formulieren Ihre ganz eigene Version. Es geht also nicht darum, meine Erkenntnisse und Ansichten zu übernehmen, sondern sich die eigenen bewusst zu machen. Falls Sie einmal mit einem Thema nichts anfangen können oder

Ihnen zu einer bestimmten Frage keine Antwort einfällt, macht das nichts. In diesem Fall, gehen Sie einfach im Text weiter.

Letztlich geht es darum, seinen eigenen Weg nach eigenen Vorstellungen zu beschreiten und selbst Entscheidungen zu treffen. Wenn Sie also ganz anders arbeiten wollen, als ich es Ihnen vorschlage, dann tun Sie es! Vielleicht möchten Sie das Buch einfach erst einmal in Ruhe vom Anfang bis zum Ende durchlesen und dann im zweiten Schritt mit der Bearbeitung beginnen. Bedenken Sie aber bitte, dass Selbstbestimmung nicht bedeutet, grundsätzlich alles anders zu machen, als man es von Ihnen erwartet oder von Ihnen wünscht. Treffen Sie die Entscheidung eigenverantwortlich und so, dass sie sich für Sie richtig anfühlt. Gehen Sie immer davon aus, dass es so, wie Sie es entscheiden, richtig ist.

Sie dürfen in Ihrem Leben alles selbst entscheiden. Denn die Verantwortung dafür tragen Sie – ob Sie sie übernehmen wollen oder nicht – so oder so.

Anmerkung: Mir würde es sehr gefallen, wenn dieses Buch für Sie ein Arbeitswerkzeug ist und Sie dementsprechend damit umgehen. Das heißt, schreiben Sie ruhig etwas hinein, markieren Sie sich Textstellen mit einem Marker oder indem Sie einzelne Seiten einknicken. Streichen Sie Textstellen durch und notieren Sie Ihre eigenen Gedanken. Lassen Sie es dem Buch ruhig ansehen, dass Sie damit arbeiten. Es soll nicht dazu dienen, Ihren Bücherschrank zu zieren, sondern Ihnen helfen, Ihre Spiritualität zu entdecken, aus alten Mustern auszubrechen, sich dem Leben hinzugeben und neuen Chancen und Möglichkeiten zu begegnen.

Der Glaube an eine übergeordnete Macht

Bevor Sie nun weiterlesen, bitte ich Sie, sich einmal dem Thema „Glauben“ zu widmen. Machen Sie sich Gedanken darüber: Sind Sie zutiefst gläubig? Haben Sie vielleicht Ihre eigene Auffassung von Glauben? Oder ist Ihnen nicht wirklich klar, an was Sie glauben? Formulieren Sie Ihre Gedanken aus. Definieren Sie Ihren derzeitigen Standpunkt. Gleichgültig wie überzeugt Sie auch von der Existenz einer höher geordneten Macht sein sollten, werden Sie sich für den Moment über Folgendes klar: Solange Sie es nicht für ausgeschlossen halten, dass es sie geben könnte, glauben Sie. Und damit haben Sie die Möglichkeit, sich mit ihr zu verbinden.

TEIL 1
VERBINDEN – SENDEN – EMPFANGEN

Das Prinzip

Eine der kraftvollsten Erkenntnisse in meinem Leben ist, dass mein Glaube an eine übergeordnete Macht die Verbindung schafft, meine Wünsche und Bedürfnisse nach außen zu transportieren. Dieses Aussenden nach außen löst im universellen Gefüge Reaktionen aus, die mir als Chancen und Möglichkeiten in mein Leben zurückgesandt werden. Das Universum bzw. die übergeordnete Macht reagiert also auf meine ausgesendeten Signale und bietet mir Gelegenheiten, meinen Weg zu gehen. Damit ich die Möglichkeiten sehen, die Chancen ergreifen und die Veränderungen herbeiführen kann, muss ich meine Antennen allerdings nicht nur auf Senden, sondern auch auf Empfangen eingestellt haben. Im Buch lernen Sie dieses Prinzip kennen und erfahren, wie Sie sich darauf einlassen, um Ihren eigenen Weg gehen zu können.

Denken Sie einen Moment darüber nach, was Sie soeben gelesen haben und spüren Sie in sich hinein, was es in Ihnen auslöst. Hat es Sie neugierig gemacht? Was geht Ihnen gerade durch den Kopf?

Verbinden – In Kontakt mit der allumfassenden Kraft

Das Prinzip ist denkbar einfach: Wir haben Bedürfnisse, die wir befriedigt und Wünsche, die wir erfüllt haben möchten. Damit das möglich wird, müssen die Bedürfnisse und Wünsche von uns an das Universum gesendet und von ihm empfangen werden können. Um umgekehrt auch das erhalten zu können, was wir haben möchten oder was gut für uns ist, muss es uns wiederum möglich sein, vom

Universum aus empfangen zu können. Für den reibungslosen Energieaustausch zwischen Senden und Empfangen benötigen wir daher eine intakte Verbindung. Diese können wir durch unseren Glauben herstellen und aufrechterhalten. Ohne den Glauben an etwas, das uns übergeordnet ist und wohlwollend durch unser Leben begleiten kann, ist es meiner Erfahrung nach nicht möglich, diese Verbindung herzustellen. Eine Verbindung, die uns Chancen und Möglichkeiten für ein selbstbestimmtes und erfülltes Leben beschert.

Senden – Die allumfassende Kraft informieren

Jeder von uns ist einmalig. Die Charaktere, Talente und Interessen jedes Menschen sind so unterschiedlich und vielfältig wie seine Fingerabdrücke. Um sich selbst leben zu können, seinen Talenten, Interessen und Gefühlen gerecht zu werden, hat jeder Einzelne von uns seine, nach Erfüllung strebenden, ureigenen Bedürfnisse und Wünsche. Betrachtet man diese Tatsache ganzheitlich, so wird klar, dass diese Einzigartigkeit eine große Bedeutung für das Zusammenwirken im universellen Ganzen haben muss. Jeder und alles spielt darin seine unverwechselbar eigene, wichtige Rolle. Daher kommt man auf seinem eigenen Weg viel besser voran, wenn man das, was man wünscht und fühlt, auch lebt. Wer Gefühle, Bedürfnisse, Wünsche, Interessen oder Talente verleugnet und ihnen keinen Raum gibt, hat keine Chance auf Selbstverwirklichung und verheddert sich in einem für ihn selbst nicht sinngemäßen Leben. Von der universellen, allumfassenden Kraft werden Energien bereitgehalten, die uns reichlich Chancen und Möglichkeiten bescheren. Diesen können Sie begegnen, wenn Sie Ihre Bedürfnisse und Wünsche und alles was Ihnen wichtig ist, zuvor ans Universum senden.

Empfangen – Die allumfassende Kraft fördert uns
Befindet man sich im Zustand der Verbindung mit der allumfassenden Kraftquelle oder seinem Gott, ist man in der Lage, die von dort kommenden Energien zu empfangen und seinen Chancen und Möglichkeiten zu begegnen.

Die Voraussetzung für eine Verbindung
Damit die für Sie passenden Energien von Ihnen empfangen werden können, brauchen Sie, wie bereits erwähnt, eine über Ihren Glauben hergestellte Verbindung. Dazu ist es wichtig, die Religion, den Gott, die Kraft oder an was immer Sie glauben können, zu benennen. Das bedeutet, dass Sie sich klarmachen, was speziell für Sie Glauben bedeutet. An was glauben Sie? An was genau? Wie tief glauben Sie? Glauben Sie überhaupt an etwas? Sind Sie sich nicht sicher, ob Sie tatsächlich an etwas glauben? Falls Sie es nicht wissen, es aber trotzdem für möglich halten, dass es zwischen Himmel und Erde noch etwas Übergeordnetes geben könnte, dann glauben Sie. Ich hatte bereits erwähnt, dass es möglich ist, sich mit der – wie ich sie nenne – allumfassenden Kraft zu verbinden, sobald man es nicht für ausgeschlossen hält, dass es sie geben könnte. Finden Sie Ihre eigene Bezeichnung dafür. Definieren Sie, wie überzeugt Sie von Ihrem Glauben sind. Machen Sie sich klar, was dabei tatsächlich tiefe Überzeugung und was eventuell nur ein „In-Erwägung-Ziehen" ist. Selbst wenn das Einzige, was Sie finden, nur die Erwägung ist, die Existenz einer übergeordneten Macht nicht auszuschließen, dann haben Sie einen Glauben. Sie sind in der Lage sich zu verbinden.

Die Verbindung herstellen

Wenn Sie Ihren Glauben benannt und bezeichnet haben, machen Sie ihn sich bewusst. Denken Sie einfach immer wieder mal an das, was Sie glauben. Sagen Sie im Geiste zu sich selbst, was es für Sie bedeutet, zu glauben. Erzählen Sie sich, zu welcher Überzeugung Sie gekommen sind und lassen Sie sich darauf ein. Einfach so, wie es für Sie passt und wie Sie es fühlen können. Schon haben Sie eine Verbindung hergestellt, die bestehen bleibt, solange Sie sich Ihres Glaubens bewusst sind. Je nachdem, wie tief Sie sich Ihres Glaubens bewusst sind, empfehle ich, ihn sich mehr oder weniger oft ins Bewusstsein zu rufen. Auf diese Weise bleiben Sie fortwährend in Verbindung.

So senden Sie

Haben Sie über Ihren Glauben eine Verbindung hergestellt, ist es sehr einfach, die Bedürfnisse und Wünsche an das Universum zu senden. Im Bewusstsein, mit einer höheren Macht in Verbindung zu stehen, funktioniert das z.B., indem Sie ...

- Ihre Wünsche laut und frei aussprechen!
- Ihre Bedürfnisse ernst nehmen!
- Ihre Träume träumen!
- Ihre Fragen stellen!
- Ihre Bitten formulieren!
- Ihre Gebete beten!
- Ihre Probleme erzählen!
- Ihre Sorgen mitteilen!
- Ihre Liebe verschenken!
- Ihre Freude verbreiten!
- Ihre Anteilnahme zeigen!

Außerdem senden Sie immer dann – sozusagen automatisch – wenn Sie Gutes tun und sei es nur, dass Sie ...

- anderen Menschen zulächeln!
- sich selbst beschenken!
- für andere da sind!
- für sich selbst da sind!
- mit anderen etwas teilen!
- auf Ihre Gesundheit achten!
- anderen Ihre Liebe schenken!
- Tiere und Pflanzen schützen!
- sich sozial engagieren!
- einer Umweltorganisation beitreten!
- einem Schwächeren helfen!

und vieles mehr!

Sie senden also immer dann, wenn Sie sich selbst, anderen Menschen, Tieren, Pflanzen oder dem Universum etwas von sich geben oder mitteilen.

Empfangen

Wenn Sie eine Verbindung hergestellt haben und Ihre Signale senden, kommt dadurch ein Prozess in Gang, der als Synchronizität bezeichnet wird. Mit einfachen Worten erklärt, bedeutet das, dass das Universum Ihre Signale empfängt, darauf reagiert und entsprechende Wachstumsmöglichkeiten bereithält. Das Universum klingelt natürlich nicht an Ihrer Haustür und überreicht persönlich ein passendes Förderpaket. Ganz so einfach ist es nicht, denn die Möglichkeiten werden sich zwar ergeben, für den Empfang und das Erkennen sind Sie jedoch selbst verantwortlich. Ihre spirituelle Wahrnehmung spielt hierbei eine sehr wichtige Rolle. Sie sorgt dafür, dass Sie dem begegnen, was speziell für Sie wichtig ist. Auf diese Weise werden sich Türen für Sie öffnen, durch die hindurchzugehen, es nur noch Ihrer Entscheidung bedarf.

So empfangen Sie

Sie empfangen, indem Sie ...

- Ihre Kreativität einsetzen. Seien Sie kreativ, indem Sie Ideen entwickeln, sich im Geiste etwas ausmalen, etwas erfinden, malen, zeichnen, überdenken, ausdenken, gestalten, verändern, modellieren, basteln, schreiben, kreieren, musizieren, ausprobieren, testen, untersuchen, erkunden, zusammenbringen.
- Ihrer Spiritualität Raum geben. Seien Sie spirituell. Lesen Sie zwischen den Zeilen. Entdecken Sie „Magisches". Tauchen Sie in Ihr Unterbewusstsein ein. Verbinden Sie sich mit der übergeordneten Macht.
- Ihrer Intuition vertrauen. Spüren sie in sich hinein. Nehmen Sie Ihre Gefühle wahr. Berücksichtigen Sie Ihr Bauchgefühl.
- aktiv sind. Sorgen Sie dafür, dass Sie etwas unternehmen. Bewegen Sie sich in der Natur. Gehen Sie tanzen, spazieren, wandern oder walken. Treffen Sie sich mit Freunden. Gehen Sie auf Menschen zu. Knüpfen Sie neue Kontakte. Machen Sie Sport. Seien Sie unterwegs, interessiert, neugierig.
- sich entspannen. Gönnen Sie sich, passend zu Ihren körperlichen und geistigen Anforderungen, die nötigen Erholungs- und Regenerationspausen. Schlafen Sie

ausreichend. Schauen Sie, ob Sie für sich geeignete Entspannungsübungen finden. Tun Sie etwas, das Ihnen Freude macht. Nehmen Sie ein kurzes Sonnenbad. Machen Sie es sich in der Badewanne gemütlich. Machen Sie Urlaub, oder was Ihnen sonst noch einfällt.

- sich für alles selbst verantwortlich fühlen, was Sie denken, tun und entscheiden.
- offen sind für Neues. Finden Sie selbst noch weitere Möglichkeiten, bei denen Ihre Antennen auf Empfang schalten.

Eine sehr wirkungsvolle Methode, mit der Sie aus dem Universum nicht nur empfangen, sondern auch senden können, ist:

Das Betrachten unterbewusst geformter Bilder und Gedanken

Bei dieser Technik handelt es sich um eine Kombination aus Entspannungsübung, Meditation und freiem Gedankenfluss, die einer geistigen schamanischen Reise nicht unähnlich ist. Da schamanische Reisen für mich anfangs zu aufwendig waren, um sie zu Hause in aller Ruhe durchzuführen, habe ich diese Variante selbst kreiert. So konnte ich fast jeden Abend vor dem Einschlafen noch einmal in mich selbst eintauchen.

Wenn Sie diese Übung ausprobieren, werden Sie merken, wie Sie mit sich selbst in Kontakt kommen und wie entspannend und wohltuend das ist. Sie legen sich bequem hin und sorgen dafür, dass Sie nicht gestört oder abgelenkt werden. Kein Telefon, das klingeln kann, niemand, der überraschend den Raum betreten oder sie ansprechen wird. Sie können diese Methode auch anwenden, wenn Sie abends zu Bett gehen. Es macht im Grunde nichts, wenn Ihre Partnerin oder Ihr Partner neben Ihnen liegt. Nur gestört werden dürfen Sie nicht. Wenn Sie möchten, können Sie sich dazu Entspannungs- oder Meditationsmusik auflegen. Es kann leicht passieren, dass Sie dabei einschlafen. Das ist in Ordnung.

Wenn Sie sich bequem hingelegt haben, entspannen Sie sich, nehmen ein paar tiefe ruhige Atemzüge, schließen die Augen und richten Ihre Aufmerksamkeit auf die vor Ihrem geistigen Auge auftauchenden Bilder. Lassen Sie in Ihrem Bewusstsein spontane Assoziationen zu diesen Bildern entstehen. Dabei fühlen Sie sich ganz und gar frei von Scham, Zensur, Angst, Moral und Zweifel. Sie können die Bilder assoziieren bzw. interpretieren, wie Sie wollen. Lassen Sie Ihre inneren Bilder einfach entstehen und danach wieder weiterziehen. Schauen Sie voller Neugier auf die Bilder, die kommen und gehen. Wenn sich eine Assoziation eingestellt oder eine Interpretation geformt hat, zweifeln Sie sie nicht an. Es spielt keine Rolle, ob Sie richtig oder falsch ist. Nehmen Sie sie einfach so an, wie sie spontan in Ihnen aufgestiegen ist. Vielleicht hat sich auch bloß ein Gefühl, das zu einem bestimmten Bild oder zu einer bestimmten Szene in Ihnen aufgetaucht ist, eingestellt. Dann ist es auch okay. Denken Sie nicht lange darüber nach, vergessen Sie alles ruhig wieder und schauen Sie einfach nach neuen Bildern und Szenen.

Wenn sich keine Bilder zeigen, keine Assoziationen oder Interpretationen formen oder keine Gefühle zu Wort melden, macht das nichts. Es wird ein anderes Mal besser funktionieren. Sie sind absolut frei. Sie können gar nichts falsch machen.

Wenn Bilder auftauchen, können Sie auch mit ihnen im Geiste sprechen. Stellen Sie ihnen Fragen. Hören Sie genau hin, ob Sie Ihnen antworten. Können die Bilder tatsächlich Antworten geben? Oder formen sich die Antworten in Ihrem Bewusstsein bzw. Unterbewusstsein? Das ist völlig gleichgültig. Es spielt keine Rolle, ob Sie das Gefühl haben, die Bilder antworten Ihnen oder die Antworten kommen aus Ihnen selbst. Spielen Sie ganz einfach ein absolut freies Spiel ohne Regeln, ohne Zwang und scheinbar ohne Sinn. Versuchen Sie nicht an irgendetwas zu denken, das nicht tatsächlich mit Ihrer Innenschau zu tun hat. Schauen Sie sich ruhig auch die Bilder an, die Ihnen auf den ersten Blick unangenehm erscheinen. Fragen Sie die Bilder in diesem Fall einfach mit einem Lächeln, warum Sie sich diese anschauen sollen? Gehen Sie immer davon aus, dass hinter allem, was auftaucht, etwas Gutes steht! Stellen Sie sich vor, dass die Bilder, die in Ihnen aufsteigen, für Sie arbeiten und nicht gegen Sie. Vertrauen Sie ihnen.

Sie können diese Methode so lange durchführen, wie Sie möchten, mindestens jedoch zehn Minuten. Schlafen Sie ruhig dabei ein. Nach Möglichkeit widmen Sie sich regelmäßig dieser Innenschau. Je öfter Sie sie durchführen können, desto intensiver werden die Wahrnehmungen sein.

Außer, dass Sie bei der Anwendung dieser Methode auf Senden und Empfangen schalten, schauen Sie auf das, was in Ihnen ist. Wenn Sie immer wieder auf die gleichen Themen stoßen, kommen Sie irgendwann nicht mehr darum herum, ihnen größere Aufmerksamkeit zu schenken. Vielleicht taucht immer wieder etwas auf, mit dem Sie unzufrieden sind und Sie gehen das Problem an. Vielleicht melden sich längst vergessene Wünsche zu Wort, die Sie irgendwann erfüllen werden. Vielleicht finden Sie Antworten oder Lösungen für Fragen und Probleme. Oder Sie bekommen einfach nur Lust, künftig mehr in sich hinein zu schauen.

Geben Sie sich etwas Zeit. Durch diese Technik entwickeln Sie vielleicht schon bald ein Gespür für Ihre eigenen Belange, finden Lösungen für Probleme, lernen Ihrer Intuition zu vertrauen und Ihre innere Stimme wahrzunehmen. Ihre spirituelle Seite kann erwachen.

Verbinden, Senden und Empfangen – Störfaktoren

Viele Faktoren unseres heutigen Lebens blockieren die Verbindung zum Universum und behindern den Energiefluss beim Senden und Empfangen.

Drei dieser Verhinderer sind:

- **Störfaktor Zeitmangel**
  Unser Leben wird von Stress und Hektik begleitet. Zeit verbringen wir mit Geld verdienen, Wohnung putzen, Wäsche waschen, bügeln, Essen kochen, Geschirr spülen, Steuererklärungen bearbeiten und der Erledigung sonstiger Verpflichtungen. Für Regeneration und Erholung sowie eigene Interessen bleibt kaum noch Zeit.

- **Störfaktor passive Freizeitgestaltung**
  Freie Zeit wird oft mit passivem Konsumieren verbracht. Unsere Kreativität, Spiritualität, Abenteuerlust, Bewegungsfreude und unseren Einfallsreichtum ersticken wir mit Fernsehen, Essen gehen, Eisdielen- und Cafébesuchen, Computerspielen, Sammeln von

Krimskrams, Kreuzworträtseln und vielem mehr. Alle diese Freizeitgestaltungsmöglichkeiten können durchaus Freude machen, tun gut und bringen uns zum Teil sogar in Kontakt mit anderen Menschen. Wenn wir aber nichts oder kaum etwas anderes tun als zu konsumieren, verkümmern Kreativität und Spiritualität soweit, dass Ideenentwicklung, Talent, Interesse, Wunsch und Lebendigkeit auf der Strecke bleiben. Insbesondere das Fernsehen, liefert uns eine unglaubliche Fülle an Abenteuerersatz. So verlieren wir das Interesse an richtigen Abenteuern und zwar an solchen, die uns das wirkliche Leben bietet. Meiner Meinung nach sollte man sich im Fernsehen nur das ansehen, was einen wirklich interessiert. Wird das Fernsehen zu einer Angewohnheit oder gar zu einem Zwang, können Interessen, Talente und Wünsche verkümmern. Eine ganz einfache Möglichkeit, das herauszufinden, besteht darin, einmal für zwei Wochen den Fernseher vom Netz zu nehmen. Wenn Ihnen dann langweilig ist, wird es Zeit, damit anzufangen, sich wieder mehr für das Leben und sich selbst zu interessieren.

- **Störfaktor Minderwertigkeitsgefühle**
  Dadurch, dass man anderen häufig mehr Aufmerksamkeit schenkt als sich selbst, oder man sich nicht zutraut, die eigenen Bedürfnisse und Wünsche vor anderen zu vertreten, bleibt man in einem Leben stecken, das von Fremdbestimmung, Unterdrückung und Enge geprägt ist. Die vom Universum bereitgehaltenen Energien können nicht empfangen, geschweige denn umgesetzt werden.

Wenn Sie ohne Verbindung leben

Wenn Sie ohne Glauben an eine höhere Macht leben, kann es sein, dass Sie Ihre Bedürfnisse und Wünsche nur schwach oder gar nicht nach außen transportieren. Dadurch können diese immer weiter in den Hintergrund treten und früher oder später ganz verkümmern. Besonders schnell kann das gehen, wenn Sie vor lauter Pflichtgefühl für Familie und Beruf kaum noch dazu kommen, sich für Ihre ganz eigenen, ganz persönlichen Dinge Zeit zu nehmen. Womöglich verlieren Sie das Vertrauen darauf, dass sich neue Möglichkeiten, Chancen und Veränderungen ergeben werden und verhindern damit, dass sich die Dinge zu Ihren Gunsten entwickeln können. Nehmen Sie nicht nur die anderen, sondern auch sich selbst wichtig.

Wenn Sie ohne Eigenverantwortung leben

Wenn Sie nicht selbst auf Ihre Bedürfnisse und Wünsche achten, nützt es Ihnen nichts, sich Ihrem Glauben anzuvertrauen. Wenn Sie nicht aus eigenem Antrieb eigenverantwortlich Entscheidungen treffen, Möglichkeiten in Erwägung ziehen, Chancen ergreifen, Situationen herbeiführen, Aufgaben angehen oder Probleme lösen, wird trotz Ihrer Verbindung zur höheren Macht und dem Senden Ihrer Bedürfnisse nichts von Ihnen empfangen werden können. Das bedeutet, dass Sie nicht einfach die Hände in den Schoß legen und darauf vertrauen können, dass sich alles von selbst richten wird.

Nicht alle Chancen und Möglichkeiten, denen wir im Laufe unseres Lebens begegnen, sind zwangsläufig gut und richtig für uns. Auch dann nicht, wenn wir uns einer höheren Macht anvertraut haben. Sie selbst sind für Ihr Leben verantwortlich! Jedoch können Sie sich auf Ihrem eigenen

Weg von der allumfassenden Kraft unterstützen und begleiten lassen.

Innere Führung

Unter innerer Führung verstehe ich ein tiefes seelisch-geistiges Vertrauen, das uns erfüllt und in die Lage versetzt, unseren Lebensweg sicher gehen und nach eigenen Bedürfnissen und Wünschen gestalten zu können.

Sich selbst vertrauen, anstatt Regeln zu befolgen

Alles, was Sie bisher über das Verbinden-Senden-Empfangen-Prinzip gelesen haben, erinnert an das, was Sie vielleicht schon einmal über die „Kosmischen Gesetze" gehört haben. Ich halte es durchaus für ratsam, sich einmal einen Überblick über diese zu verschaffen. Aber selbst wenn mir beim Studieren dieser Gesetze wirklich eine Vielzahl diverser Zusammenhänge bewusst wurde, so handelt es sich dabei letztlich um die Theorien und Einsichten anderer. Meiner Meinung nach liegt im Kern der Aussage dieser Gesetze tatsächlich viel Weisheit und Wahrheit, jedoch sind sie mir viel zu sehr ausformuliert, sodass zu wenig Freiraum für eigene Erkenntnisprozesse und Interpretationen bleibt. Die Erfahrung, dass mich das Universum falsch versteht, wenn ich meine Wünsche nicht genau nach den Regeln der „Kosmischen Gesetze" formuliere, habe ich persönlich nicht gemacht. Es ist mir daher besonders wichtig, Ihnen an dieser Stelle noch einmal Folgendes ans Herz zu legen: Nach meiner Erfahrung reicht es vollkommen aus, eine ungefähre Vorstellung davon zu haben, wie das Verbinden-Senden-Empfangen-Prinzip funktioniert. Sie müssen nicht peinlich genau alles, was Sie in diesem Buch darüber lesen oder jemals darüber erfahren werden, auswendig lernen oder befürchten, Sie könnten etwas falsch machen, wenn Sie irgendeine Kleinigkeit außer Acht lassen. Es reicht, wenn Sie eine grobe Ahnung davon haben, was es heißt, sich seine Welt durch die Kraft der eigenen Gedanken selbst zu erschaffen. Seien Sie also ganz ungezwungen und vertrauen Sie darauf, dass das Universum Sie zu jeder Zeit richtig verstehen wird. Meiner Erfahrung nach stören Sie das Verbinden-Senden-Empfangen-Prinzip, wenn Sie anfangen sich in Regeln zu verheddern, anstatt Ihrer „Inneren Freiheit“ und „Inneren-Weisheit“ zu vertrauen. Sie brauchen keine Regeln, Sie brauchen einfach nur ein auf Ihre ganz persönlichen Wünsche, Bedürfnisse, Interessen, Talente und Ziele fokussiertes Bewusstsein!

Bevor Sie weiterlesen

Sie haben bereits jetzt das Grundsätzlichste über das Verbinden Senden-Empfangen-Prinzip erfahren. Spüren Sie bitte kurz noch einmal in sich nach, was Sie dazu fühlen oder denken. An welcher Stelle waren Sie positiv berührt und wo traten innere Widerstände auf? Werden Sie sich bitte Ihrer momentanen Haltung dazu bewusst.

TEIL 2
EIN UNTERSTÜTZENDES BEWUSSTSEIN ENTWICKELN – VORBEREITUNG

Themen im Kontext „Bewusstsein und Spiritualität"

Auf den folgenden Seiten möchte ich Sie anregen, über bestimmte Themen nachzudenken. Im Sinne des Verbinden-Senden-Empfangen-Prinzips spielen sie eine besondere Rolle. Für mein eigenes Bewusstseinstraining und somit für mich ganz persönlich, war es sehr wichtig, über diese Themen zu reflektieren. Letztlich führte dies dazu, dass ich mich verändern und auf dem Weg zu mir selbst weiterkommen konnte. Zu allen aufgeführten Themen gibt es sicher eine Vielzahl an Fachbüchern, teilweise mit wissenschaftlichem Hintergrund. Es ist jedoch nicht nötig, tief in diese Fachgebiete einzusteigen. Daher habe ich sie auch nur mit einfachen Worten, nach eigenem Verständnis und Empfinden kurz aufgegriffen. Sie müssen nicht zu einer Fachkraft für all diese Themenfelder werden, um sich dazu eigene Gedanken machen zu können. Mir geht es an dieser Stelle nur darum, dass Sie prüfen können, welche Themen speziell für Sie relevant sind. Vieles wird Ihnen bestimmt schon bekannt sein. Einiges vielleicht aber auch nicht. Voraussichtlich werden Sie nicht alles genauso sehen wie ich. Wahrscheinlich werden Ihnen einige Passagen sehr gut tun. Andere lösen vielleicht eher innere Widerstände aus. Sie wissen ja bereits, dass es nicht darum geht, die Dinge genauso zu sehen wie ich. Entscheidend ist, zu den Dingen eine eigene Meinung und Haltung zu entwickeln.

Auf den nächsten Seiten habe ich für Sie daher Themen zusammengestellt, die für Ihr ganz persönliches Bewusstseinstraining eine Rolle spielen können. Entscheiden Sie selbst darüber, welche für Sie interessant und wichtig sind.

Denken Sie bitte nach jedem Thema kurz darüber nach, wie Sie darüber denken bzw. was Sie dazu zu sagen haben. Vielleicht möchten Sie gerne einige Themen mit eigenen Worten ergänzen oder verändern. Sprechen Sie es aus!

DIE THEMENFELDER

Grundlegende menschliche Bedürfnisse

Alle Menschen haben die grundlegend gleichen Bedürfnisse. Alles, was wir tun, tun wir nur aufgrund dieser natürlichen Bedürfnisse. Wir machen keinen einzelnen Schritt, treffen keine Entscheidung, ohne einem natürlichen Bedürfnis dabei nachzugehen. Diese Bedürfnisse sind also alle lebensdienlich. Es gibt demnach nichts, das wir nicht in seinem Ursprung aus einem ganz natürlichen Beweggrund heraus tun. Denn wir können gar nicht anders, als für unsere natürlichen Bedürfnisse stets auf der Suche nach Erfüllung zu sein. Bedürfnisse streben nach Erfüllung, ob wir das wollen oder nicht. Es geht einfach gar nicht anders, als etwas zu tun oder zu entscheiden, mit dem sich zumindest eines dieser natürlichen Bedürfnisse Erfüllung verschafft. Auch wenn wir Dinge tun oder entscheiden, die z.B. einem anderen schaden, lässt sich bei genauerer Betrachtung hinter allem ein natürliches, lebensdienliches, grundlegendes, menschliches Bedürfnis identifizieren.

Sie bezweifeln das? Sie fragen sich, welcher natürliche Beweggrund Sie dazu veranlasst Dinge zu tun, die Sie überhaupt nicht tun möchten oder welche lebensdienlichen Bedürfnisse z.B. einer schweren Straftat zugrunde liegen? Ich verrate es Ihnen!

Ich möchte hier nicht die ganze Liste der „Grundlegenden menschlichen Bedürfnisse" aufreihen, widmen wir uns der Einfachheit halber also nur einem kleinen Ausschnitt dieser Bedürfnisse. Diese sind z.B.: das Bedürfnis nach Akzeptanz, Rücksichtnahme, emotionaler Sicherheit, Ehrlichkeit, Liebe, Geborgenheit, Respekt, Verständnis und Zugehörigkeit. Sie werden feststellen, dass dies alles natürliche, lebensdienliche, gesunde Bedürfnisse sind. Wenn also alles, was wir tun oder entscheiden auf unsere natürlichen Bedürfnisse zurückzuführen ist, wie kommt es dann, dass Menschen Dinge tun, die sie am liebsten gar nicht tun würden oder die allgemein eher als schlecht, negativ, ungesund, unnatürlich, rücksichtslos, kriminell oder böse bezeichnet werden?

Es wirken so viele dieser natürlichen Bedürfnisse gleichzeitig in uns, wir leben in so vielen unterschiedlichen sozialen Systemen und müssen so vielen verschiedenen Erwartungen und Anforderungen genügen, dass es nicht immer leicht fällt, das Richtige zu tun. Da gibt es Bedürfnisse, die sogar gegeneinander wirken. Oder unterschiedliche Bedürfnisse, die nicht gleichzeitig erfüllt werden können. Immer die richtige Strategie zu finden, mit der man seine natürlichen Bedürfnisse erfüllen kann, ist eine recht komplexe und mitunter sehr schwierige Angelegenheit und geschieht sogar größten Teils unbewusst. Da ist vielleicht auf der einen Seite das Bedürfnis nach Ehrlichkeit und auf der anderen Seite das Bedürfnis nach Rücksichtnahme. Nun kann es sein, dass man weiß, wenn man in einer bestimmten Situation ehrlich ist, wird man einen anderen verletzen. Und so stehen sich auf einmal diese beiden Bedürfnisse gegenüber. Ist man ehrlich, nimmt man keine Rücksicht. Nimmt man Rücksicht, ist man nicht ehrlich. Das ist nur ein harmloses Beispiel, bei dem es den meisten

Menschen wahrscheinlich nicht unbedingt sehr viel Kopfzerbrechen bereitet, eine Entscheidung zu finden. Oft ist der Wirrwarr der Bedürfnisse jedoch viel größer und das Sortieren und Priorisieren gerät ins Schwanken oder gar außer Kontrolle.

Dadurch, dass wir verständlicherweise nicht immer in der Lage sind, die richtige Strategie für die Erfüllung unserer natürlichen Bedürfnisse zu finden, können wir Dinge tun, die wir negativ werten. Um das noch einmal zu verdeutlichen, hier ein extremes Beispiel: Jemand schadet einer anderen Person mutwillig – also ganz bewusst und in voller Absicht! Wie sieht es nun mit der Behauptung aus, dass wir alle nur deshalb handeln, um unsere natürlichen, lebensdienlichen Bedürfnisse zu erfüllen?

Tatsächlich geschieht auch diese negative Handlung aufgrund unserer natürlichen Bedürfnisse. Nur waren wir aufgrund vieler bewusster und unbewusster Einflüsse, Überzeugungen, Wertesysteme, Erwartungen die man an uns stellt, Gefühle, Gedanken, Verwirrungen u.v.m. nicht mehr in der Lage die richtige Erfüllungsstrategie zu finden. Letztlich haben sich die Bedürfnisse Bahn gebrochen und unkontrolliert versucht, sich Erfüllung zu verschaffen. Vielleicht hat sich bei dem Versuch einem anderen Schaden zuzufügen, das natürliche Bedürfnis nach Respekt Raum verschaffen wollen, weil der Gepeinigte dem Peiniger z.B. zuvor respektlos begegnet war. Das können Sie gedanklich durchspielen bis hin zum Mord an einer anderen Person. Auch dieser Handlung liegt die Tatsache zugrunde, dass wir nicht anders können, als unsere natürlichen Bedürfnisse zu erfüllen. Vielleicht hat ein Mensch mit dieser Tat versucht, sein Bedürfnis nach Gerechtigkeit zu erfüllen. Die Erfüllungsstrategie war sicher die falsche, aber der grundlegende Beweggrund war ganz natürlichen Ursprungs.

So krass dieses Beispiel auch ist, so sehr zeigt es auch gleichzeitig, dass es hier nicht darum geht, solches Handeln zu entschuldigen oder um den Eindruck zu erwecken, dass doch alles halb so schlimm sei. Nein, ganz bestimmt nicht! Das Beispiel soll nur zum besseren Verständnis dienen.

Zu erkennen, dass jeder Einzelne von uns letztlich aus ganz natürlichen, lebensdienlichen Beweggründen heraus handelt – egal, was wir auch tun – hilft, das eigene Handeln und das der anderen, aus einer verständnisvollen Perspektive heraus zu betrachten. Es wird klar: wir alle tun das, was wir tun, weil wir alle nicht anders können, als das zu tun, was alle tun, nämlich zu versuchen, gemäß unserer natürlichen Bedürfnisse unser Leben zu gestalten.

Anmerkung: Hier war soeben die Rede von den grundlegenden menschlichen Bedürfnissen, mit denen uns die Natur alle gleichermaßen ausgestattet hat und auf die all unser Handeln zurückzuführen ist. Im Buch wird auch immer wieder die Rede von Bedürfnissen sein, die wiederum bei jedem Einzelnen von uns sehr unterschiedlich vorhanden sein können. Bei diesen handelt es sich um individuelle menschliche Bedürfnisse. Individuelle Bedürfnisse leiten sich aus unseren Interessen, Talenten, Vorlieben, Wertvorstellungen, Auffassungen, Neigungen und Zielen ab. Hinterfragt man diese Bedürfnisse genauer, lässt sich hinter jedem mindestens ein grundlegendes Bedürfnis identifizieren.

Interessen, Talente und Wünsche

Sie haben bereits gelesen, wie wichtig es ist, zu Ihren Interessen, Talenten und Wünschen zu stehen. Das können Sie natürlich nur, wenn Sie diese kennen. Noch besser ist es, wenn Sie sie auch verinnerlicht haben. Auf diese Weise schwingen sie bei allem, was Sie tun und denken, sogar unbewusst in Ihnen mit. Sie steuern automatisch auf die Chancen und Möglichkeiten Ihres Lebens zu, die für Sie persönlich wichtig sind und die Sie auf Ihrem Weg weiterbringen. Lassen Sie es nicht zu, dass Ihre Ideale auf der Strecke bleiben. Mit dem „Spirituell-auf-deine-Weise-Bewusstseins-Training", konditionieren Sie Ihr Bewusstsein und Unterbewusstsein darauf, Ihre Ziele zu erreichen. Obendrein ist das Training sogar recht einfach und kaum zeitaufwendig.

Kreativität

Mit Ihrer Kreativität können Sie aus empfangenen Signalen eigene Ideen entwickeln, Projekte erfinden, Dinge verändern, Bilder malen oder sich Geschichten ausdenken und vieles mehr. Ihre Kreativität ist Ihre schöpfende innere Quelle. Mit ihr sind Sie imstande, Ihr Leben zu verändern und zu gestalten. Wenn Sie in Verbindung mit der höheren Macht auf Senden und Empfangen eingestellt sind, wird Ihre Kreativität optimal gefördert. Fast könnte es Ihnen dabei so vorkommen, als würden nicht Sie die Ideen selbst entwickeln, sondern als würden sie wie von selbst entstehen. Auf einmal wissen Sie, was Sie machen wollen! Es fällt Ihnen die richtige Lösung für ein Problem ein, das Ihnen schon seit längerer Zeit Sorgen bereitet hat. Sie fragen sich, warum Sie nicht schon viel früher darauf gekommen sind. Sie betrachten die Dinge von mehreren Seiten. Sie haben das Gefühl, dass in Ihrem Leben alles erreichbar ist, was Sie sich vorstellen können. Sie finden immer einen Weg. Wenn Sie kreativ sind, empfangen Sie die vom Universum bereitgehaltenen Signale und wandeln diese in Schöpfung um. Sie tun damit etwas für sich oder andere und erfüllen damit die Aufgabe, die im Sinne der Ganzheitlichkeit für Sie als Mensch bestimmt ist.

Spiritualität und Intuition

Nach meiner Auffassung wirken Spiritualität und Intuition untrennbar zusammen und bilden gemeinsam die Basis für Kreativität. Ihre Spiritualität ermöglicht es Ihnen, sich mit der übergeordneten Macht zu verbinden und „Magisches" in der Welt zu entdecken. In Ihrem Unterbewusstsein empfangen Sie die vom Universum bereitgehaltenen Signale. Intuitiv bewegen Sie sich auf die Chancen und Möglichkeiten in Ihrem Leben zu, die für Sie bedeutend sind. Mit Ihrer Kreativität gestalten Sie Ihren Weg, der zu Ihren Zielen führt.

Je mehr Sie sich Ihrer Spiritualität öffnen und sich intuitiv leiten lassen, desto mehr können Sie in eigener Sache schöpferisch tätig werden. Indem Sie spirituell, intuitiv und kreativ sind, führen Sie über das Verbinden-Senden-Empfangen-Prinzip Chancen und Möglichkeiten herbei, die Ihnen zur Verwirklichung des eigenen Weges dienen können.

Gesunder Menschenverstand: Vernunft

Es ist gut, ja geradezu wunderbar, wenn Sie sich spirituell verbunden und von innen geführt erleben und dabei auch noch kreativ vorgehen. Jedoch hat die Natur Ihnen nicht ohne Grund auch einen Verstand geschenkt. Das bedeutet, dass Sie sich nicht blind überall hinleiten lassen sollen, wo Sie eventuell gar nicht oder noch nicht hin wollen. Es kann z.B. sein, dass Sie deutlich Ihre innere Stimme hören, die Sie auf ein Bedürfnis aufmerksam macht. Wenn Sie nun keinen Verstand hätten, um Ihr Handeln abwägen zu können, würden Sie sofort alles unternehmen, um Ihrem Bedürfnis gerecht zu werden. Das würde bedeuten, dass Sie ohne nachzudenken und ohne Rücksicht darauf zu nehmen, ob Sie sich oder anderen eventuell Schaden zufügen, anfangen würden, Ihr Bedürfnis zu befriedigen. Hier gilt es, Herz und Verstand bzw. Spiritualität und Rationalität miteinander wirken zu lassen.

Täuschender Verstand: Scheinbare Vernunft

Eine große Gefahr für unseren Selbstfindungsprozess und ein echter Virus für das Verbinden-Senden-Empfangen-Prinzip stellt die, wie ich Sie nenne, Scheinvernunft (scheinbare Vernunft) dar. Als Stimme der Vernunft getarnt, schleicht sie sich ständig in unser Denken ein. Das ist ihr gemeiner Trick: Immer dann, wenn wir unsere Vernunft gebrauchen wollen, drängt sie sich, ohne dass wir es merken, an deren Stelle. „Tue dies nicht, tue das nicht. Dafür bist du schon zu alt und hierfür viel zu dumm. Dies ist zu riskant und das zu gefährlich. Damit machst du dich lächerlich und hiermit wirst du keinen Erfolg haben". Viele demotivierende Einwände entspringen dieser scheinbaren Vernunft. Tatsächlich treffen wir dann keine vernünftige, sondern nur eine ängstliche, unsichere oder mutlose Entscheidung! Denn im Gegensatz zu unserer Vernunft, die sachverständig zwischen dem vermittelt, was nötig ist und dem was wir uns wünschen, ist die Scheinvernunft eine Verschwörung aus Ängsten, Sorgen und übertriebenem Sicherheitsbedürfnis. Sie lässt keinen Platz, um etwas auszuprobieren. Sie engt uns ein, lässt uns zögern oder aufgeben. Ihretwegen trauen wir uns nichts zu, leben nicht im Jetzt, sondern in der Vergangenheit oder Zukunft. Wir verharren in unliebsamen Situationen und geben der Veränderung keine Chance. Das Verbinden-Senden-Empfangen-Prinzip wird lahm gelegt.

Um Scheinvernunft von wirklicher Vernunft unterscheiden zu lernen, sollten Sie künftig sehr genau untersuchen, vor welchem Hintergrund Sie Ihre Entscheidungen treffen. Schauen Sie genau hin! Haben Sie Ihre Entscheidung nach Ihrem Gefühl mit gesundem Menschenverstand getroffen oder eher aus übertriebener Vorsicht? Wenn Sie verinnerlicht haben, dass es neben Ihrer Vernunft auch noch etwas anderes gibt, das sich nur als Vernunft ausgibt, sind Sie vielleicht schon bald in der Lage, zwischen beidem unterscheiden zu können. Dies muss nicht heißen, dass Entscheidungen, die mit Vernunft getroffen werden, immer richtig sind. Auch Entscheidungen, die mit Scheinvernunft getroffen werden, sind nicht immer falsch. Nur bedeuten vernünftige Entscheidungen immer, dass man sich auf dem eigenen Weg befindet. Nur scheinbar vernünftige Entscheidungen lassen Sie von diesem Weg abkommen.

Unterbewusstsein

Stellen Sie sich vor, dass in Ihrem Bewusstsein alles präsent und somit jederzeit abrufbar und lückenlos zu Ihrer Verfügung steht, was Sie jemals in Ihrem bisherigen Leben an:

- Eindrücken gewonnen,
- Vorstellungen geformt,
- Erfahrungen gemacht,
- Bildern gesehen,
- Liedern gehört,
- Überzeugungen angenommen,
- Antworten bekommen,
- Worten gesprochen,
- Träumen geträumt,
- Vermutungen angestellt,
- Bedürfnissen verspürt,
- Wünschen geäußert,
- Gefühlen gefühlt,
- Gutem und Schlechtem erfahren,

und vielem mehr erlebt haben.

Bei dieser Vorstellung wird Ihnen klar, dass Ihr Bewusstsein nicht imstande sein kann, diese Leistung zu erbringen. In Ihrem Bewusstsein bleibt immer nur ein sehr kleiner Teil von allem, was Sie aufnehmen, in Form von Erinnerung bestehen. Was ist aber mit all den anderen Informationen, die Sie zum Teil nur unbewusst aufgenommen haben? Gehen diese tatsächlich verloren? Nein, diese bleiben ein ganzes Leben lang im Unterbewusstsein gespeichert. Von dort, können Sie sich manches sogar wieder ins Bewusstsein rufen. Vieles kann jedoch nicht direkt erinnert werden. Trotzdem sind alle Informationen in Ihrem Unterbewusstsein vorhanden und wirken in Ihnen weiter. Sie schwingen bei all Ihren Entscheidungen, Wahrnehmungen, Verhaltensweisen, Einstellungen und Reaktionen unbewusst mit. Auch wenn Sie kreativ tätig, intuitiv handelnd, spirituell empfindend und vernünftig denkend sind, werden Sie dabei von Ihrem Unterbewusstsein begleitet und unterstützt.

Wäre es nicht wunderbar, wenn Sie alles, was an Informationen in Ihrem Unterbewusstsein vorhanden ist, gezielt nutzen und für sich arbeiten lassen könnten? Viele Fragen, auf die Sie spontan keine Antwort wüssten, könnten Sie sich auf diese Weise selbst beantworten. Sie könnten Probleme lösen und Dinge anpacken, die Ihnen sonst nur mit fremder Hilfe möglich wären. Warum tauchen Sie also dann nicht tiefer ein in die Welt des Unterbewussten?

Sicher gibt es dafür mehrere Möglichkeiten, z.B. mit Hilfe eines Therapeuten, Heilpraktikers oder Schamanen. Vielleicht finden Sie später noch Ihren eigenen Zugang dafür. Eine sehr einfach anzuwendende Möglichkeit, die Sie gleich ausprobieren können, ist die bereits beschriebene Methode „Das Betrachten unterbewusst geformter Bilder und Gedanken". Wie Sie bereits wissen, können Sie mit dieser Innenschau sehr wirkungsvoll auf Senden und Empfangen schalten. Wenn Sie diese Methode mehrmals angewendet und etwas Übung bekommen haben, werden Sie vielleicht feststellen, dass die sich formenden Bilder und Gedanken – je nach Ihrer Verfassung und inneren Bereitschaft sich darauf einzulassen – aus Ihrem Unterbewusstsein generieren. Die Bereitschaft, sich mit Ihren Bedürfnissen und Wünschen nach außen zu öffnen – Sie schalten dadurch auf Senden – ermöglicht es Ihnen in Ihrem Unterbewusstsein Antworten und Lösungen auftauchen zu lassen, auf die Sie bewusst nicht so schnell gekommen wären.

Durch das „Nach-Innen-Schauen“ kann sich die allumfassende Kraft in Ihnen ausbreiten und transformiert sich mit den Informationen aus Ihrem Unterbewusstsein in Form von Bildern, Gedanken und Ideen – Sie haben auf Empfang geschaltet.

Liebe

Liebe ist eine der Grundvoraussetzungen, um den eigenen Lebensweg gehen und andere auf ihrem Weg begleiten zu können. Liebe durchdringt Sie mit einem Gefühl, das Sie mit Freude erfüllt und Sie mit sich selbst und anderen in Verbindung bringt. Sie übertragen dieses Gefühl automatisch auf andere, die es wiederum an andere weitergeben können. Hier ist die Rede von jener Liebe, die Sie aus einem echten Bedürfnis heraus völlig freiwillig und selbstlos geben oder die Sie von anderen auf diese Weise erhalten. Allein durch das Verschenken von Liebe breitet sie sich immer weiter in Ihnen aus und kann auf andere weiterstrahlen.

Liebe meint hier nicht etwas, das Sie von einem anderen erzwingen oder auf immer und ewig zugesichert haben möchten. Nicht das, was Sie versuchen durch Bedingungen, Erwartungen oder Versprechungen festzuhalten. Das hat meiner Auffassung nach nicht viel mit Liebe zu tun, sondern eher etwas mit Egoismus, Eifersucht, mangelnder Selbstliebe oder Verlustängsten. Liebe ist vielmehr der Blickwinkel, mit dem Sie sich und Ihre Umwelt wahrnehmen und mit dem Sie sich und anderen wohlwollend begegnen.

Je mehr Sie sich selbst lieben, das heißt, je mehr Sie auf sich selbst achten, Ihre Wünsche und Gefühle berücksichtigen, sich ernstnehmen und zu sich stehen, desto mehr sind Sie in der Lage, in einem gesunden Maße Liebe an sich selbst und andere weiterzugeben und Ihr Leben frei zu gestalten. Wenn Sie sich selbst lieben, spüren Sie dass …

- Erwartungshaltungen sich auflösen
- Sie authentisch sind
- ein Gleichgewicht zwischen Geben und Nehmen herrscht
- Ängste verschwinden
- Sich ein positives Lebensgefühl einstellt
- Sie Ihr eigenes Leben leben und nicht das der anderen
- ein natürliches Selbstvertrauen entsteht
- Sie Ihre eigenen Interessen und Bedürfnisse leben können
- Sie zu sich selbst finden und sich erkennen können
- gute zwischenmenschliche Beziehungen entstehen
- Gefühle gezeigt und gelebt werden können
- Selbstzweifel sich auflösen
- Abhängigkeiten sich auflösen
- mit der Vergangenheit abgeschlossen werden kann
- die Gegenwart die Hauptrolle im Leben spielt

Liebe – egal für wen oder was Sie sie empfinden – wirkt sich auf die Gestaltungsmöglichkeiten Ihres eigenen Lebens in der Form aus, dass Sie sich mit ihr über die Verbindung zur übergeordneten Macht Chancen und Möglichkeiten für positive Veränderungen bzw. Ereignisse bescheren.

Freiheit

Man unterscheidet zunächst zwei unterschiedliche Freiheiten, die äußere und die innere Freiheit. Äußere Freiheit ist ohne innere Freiheit nicht wirklich stabil. Umgekehrt ist die innere Freiheit von der äußeren Freiheit völlig unabhängig. Die äußere Freiheit umfasst neben dem Recht auf freie Meinungsäußerung, freier Berufswahl, Wahlfreiheit, Freiheit von gesellschaftlichen Zwängen usw., jene Freiheit, die Sie sich durch finanzielle Mittel erkaufen können. Je mehr Geld Sie besitzen, desto mehr äußere Freiheit können Sie haben. Je größer das Guthaben auf Ihrem Konto, desto freier können Sie bei der Wahl Ihres Hauses, Ihres Autos, Ihrer Kleidung, Ihres Urlaubs, Ihrer medizinischen Versorgung und Ihrer Freizeitgestaltung wählen. Das alles ist wunderbar, beschert Ihnen Glücksmomente und ist durchaus wünschenswert. Ohne innere Freiheit, das heißt, ohne seelisch-geistige Freiheit, sind Sie aber nicht wirklich frei.

Es gibt genügend Beispiele von Personen, die im Luxus schwelgen, aber unzufrieden, unerfüllt oder depressiv sind. Innere Freiheit ist unabhängig von finanziellem Reichtum und äußeren Einflüssen. Man muss natürlich nicht erst im Luxus schwelgen um das Gefühl zu haben, dass einem im Leben irgendetwas Grundlegendes fehlt. Obwohl es uns im Vergleich zu vielen anderen Menschen in anderen Teilen dieser Welt wirklich gut geht, beklagen wir uns ständig, in was für einer harten Zeit wir mittlerweile leben.

Wenn wir uns nicht immer nur im Wettbewerb mit anderen empfinden würden, sondern uns auf unsere eigenen, wirklichen Bedürfnisse konzentrieren könnten, wäre es nicht wichtig, ob andere mehr oder weniger hätten als wir. Nur weil wir weniger hätten als andere, würden wir uns deshalb nicht weniger wertschätzen oder den Zwang verspüren, uns das Gleiche leisten zu müssen, wie sie. Wenn Sie innere Freiheit verspüren ist es egal, ob Sie in einem Schloss oder in einer Holzhütte wohnen! Es interessiert Sie nicht, in welchem Auto Sie oder Ihre Nachbarn von A nach B fahren. Sie fühlen sich nicht abhängig von Besitz, äußeren Meinungen und Zwängen. Ihren seelischen und geistigen Bedürfnissen messen Sie mehr Bedeutung zu als dem Erlangen von Anerkennung, Bewunderung und Besitz. Das Außen kann Ihnen nichts anhaben. Sie sind nicht anfällig für Kritik und interessieren sich nicht dafür, ob andere mehr oder weniger haben als Sie selbst. Sie fühlen sich frei von Neid, begreifen das Leben als ein Geschenk und sind zutiefst erfüllt von der Freude Ihres Daseins.

Gelassenheit

Es ist etwas anderes, ob man gelassen ist oder nur glaubt gelassen zu sein. Denn zwischen emotionaler und rationaler Gelassenheit besteht ein Unterschied. In rationaler Gelassenheit können Sie sich, gestützt durch einen äußeren Zustand entspannt zurücklehnen und scheinbar gelassen in die Zukunft schauen. Diese Art von Gelassenheit verspüren Sie jedoch nur so lange, wie die äußere Situation anhält. Sobald sie sich verändert, kann Unsicherheit eintreten. Sind Sie z.B. besonders begabt oder privilegiert, schauen Sie vermutlich gelassener in die Zukunft, als ohne diesen Status. Was passiert aber, wenn jemand anderes auftaucht, der begabter ist als Sie? Was, wenn Ihr guter Name in Verruf gerät? Ihre Gelassenheit könnte sich schnell verflüchtigen. Wirkliche innere (emotionale) Gelassenheit ist weder käuflich noch auf die Schnelle zu erlernen. Losgelöst von Status und Vermögen ist sie ein seelisch-geistiger Zustand in Ihrem tiefsten Inneren.

Wenn Sie Ihren Weg, begleitet von Selbstvertrauen und Ihrer höheren Macht, eigenverantwortlich gehen, kann sich das Gefühl wirklicher innerer Gelassenheit einstellen. Wenn Sie innere Gelassenheit verspüren, haben Sie aufgehört zu kämpfen, ohne sich schwach oder feige zu fühlen. Sie sind bereit, das Leben zu nehmen, wie es ist. Sie können sich ergeben, ohne aufzugeben. Sie lassen los.

Eigenverantwortung

Viele Menschen leben in dem Bewusstsein, dass sie nicht selbst für das, was sie wollen und tun, die Verantwortung tragen. Wenn Missgeschicke passieren, oder Fehler gemacht werden, sind immer die anderen schuld. Einige Beispiele dafür, die Ihnen vielleicht bekannt vorkommen:

- Jemand ist auf die Nase gefallen und irgendein anderer soll angeblich das Steinchen nicht weggefegt haben, über das er gestolpert ist, anstatt sich einzugestehen, dass er einfach unachtsam war.
- Einer hat die Geschwindigkeit beim Autofahren überschritten. Dass er ein Bußgeld zahlen muss, ist natürlich nur die Schuld desjenigen, der den Blitzer ausgerechnet dort aufstellen musste, anstelle, dass er zugibt, sich nicht an die Verkehrsregeln gehalten zu haben.
- Eine schlechte Schulnote ist vergeben worden, was selbstverständlich der Lehrer zu verantworten hat, anstatt zuzugeben, dass man nicht genug gelernt hat.
- Man hat kein Gewicht verloren, obwohl es doch ein fester Vorsatz war. Da ist es leichter zu behaupten, zu viel Stress sei schuld daran, anstatt sich einzugestehen, dass man keine Lust hatte, die Ernährung umzustellen.

- Ein Autofahrer ist einem anderen in den Wagen gefahren. Anstelle zu begreifen, dass er den Sicherheitsabstand nicht gewahrt hat und zu schnell gefahren ist, soll der andere schuld sein, der einfach dort nicht hätte bremsen sollen.

Mit solchen Aufzählungen könnte man wohl noch Tausende Seiten füllen. Natürlich gibt es wirklich Situationen, für die man selbst nichts kann. Trotzdem scheint das Abschieben von Verantwortung sehr weit verbreitet zu sein. Dabei ist es den meisten Menschen noch nicht einmal bewusst. Es ist einfach schon zur Gewohnheit geworden, anderen die Schuld für eigene Fehler oder Missgeschicke zuzuweisen. Das eigene Leben übergibt man in die Hände der anderen und nimmt dadurch immer mehr eine Art Opferrolle ein.

Wer aber selbstbestimmt und verbunden mit der übergeordneten Macht seinen eigenen Weg finden will, sollte sich bewusst machen, dass dies nur möglich ist, wenn man für alles, was man in seinem Leben tun oder erreichen will, selbst die Verantwortung übernimmt.

Sie können auf das, was das Universum an Chancen und Möglichkeiten bereithält reagieren und die jeweils nötigen Entscheidungen treffen. Und das Wichtigste dabei ist: Sie tragen auch die Verantwortung für diese Entscheidungen.

Wenn Sie sich mit irgendetwas nicht wohl fühlen, dann können Sie entscheiden, es zu akzeptieren oder es zu verändern. Wenn Sie es weder akzeptieren noch verändern, entscheiden Sie sich für Ohnmacht und Stillstand. In jedem Fall haben Sie gewählt und sich für etwas entschieden. Machen Sie sich das bewusst!

Wenn Sie trotz allem die Verantwortung nicht übernehmen wollen, können Ihre Antennen nicht auf Empfang schalten und Sie werden keine Lösungen finden. Einen selbstbestimmten und eigenverantwortlich, von innen geführten Weg können Sie auf diese Weise nicht beschreiten.

Selbstbestimmung

Sie haben die Wahl! Möchten Sie, dass andere über Sie verfügen und Ihnen vorschreiben, was Sie zu tun oder zu lassen haben? Oder möchten Sie selbst über sich bestimmen? Es gibt natürlich Regeln, Gesetze, Rechte und Pflichten, denen Sie sich nicht einfach widersetzen können oder sollen. Aber im Rahmen gesetzlicher und gesellschaftlicher Vorgaben haben Sie die Möglichkeit, Ihre eigenen Entscheidungen zu treffen und Ihr Leben nach bestem Wissen und Gewissen zu bestimmen. Das bedeutet nicht, nur noch das tun zu können, wozu Sie Lust haben, sondern die im Leben erforderlichen Entscheidungen selbst zu treffen und zu verantworten. Selbstverständlich gibt es auch Situationen, in denen Sie sich besser diplomatisch verhalten als direkt Ihren Willen durchzusetzen. Wenn Ihnen beispielsweise Ihr Job keinen Spaß mehr macht, ist es sicher nicht sinnvoll, gleich am nächsten Tag nicht mehr am Arbeitsplatz zu erscheinen. Es ist schon besser, Sie überlegen sich, wie und wann Sie die Situation am besten verändern können. Die Entscheidung liegt jedoch bei Ihnen. Vielleicht sind Sie der Typ, der sofort handelt und von einem Tag auf den anderen den Job kündigt. Sie können das ganz allein bestimmen. Seien Sie aber immer auch bereit, die Verantwortung für Ihre Entscheidungen zu übernehmen!

Selbstbestimmt und eigenverantwortlich Entscheidungen zu treffen und danach zu handeln, bedeutet, in Verbindung mit der höheren Macht und sich selbst, von innen geführt durch das eigene Leben zu gehen. Ist es eher so, dass Sie von anderen bestimmt werden und Sie die Verantwortung für Ihr Glück bzw. Unglück an andere abgeben, kommen Sie von Ihrem Weg ab und verlieren die Orientierung. Das Verbinden-Senden-Empfangen-Prinzip funktioniert auf diese Weise nicht. Die von der übergeordneten Macht bereitgehaltenen Chancen und Möglichkeiten können von Ihnen kaum oder gar nicht wahrgenommen werden.

Selbstüberwindung

Wir alle haben unsere Wünsche und Ziele. Um diese verwirklichen zu können, ist es in der Regel notwendig, sich aktiv für deren Erreichung einzusetzen. Egal, ob es um etwas ganz Kleines oder sehr Großes geht. Da ist es schon einmal viel wert, wenn wir wissen, wie wir das, was wir erreichen möchten, bekommen könnten. Trotzdem gestaltet sich die Umsetzung oft schwierig. „Ich weiß ja, wie ich an Gewicht verlieren kann, aber ausgerechnet jetzt lohnt es sich wiederum auch nicht, damit anzufangen"; „Ich bräuchte ja eigentlich nur ein paar Bewerbungen zu schreiben, um aus meinem aktuellen Job rauszukommen, aber dazu hätte ich eigentlich nur am Wochenende Zeit und da will ich doch am liebsten auch einmal gar nichts tun"; „Ich möchte so gerne eine neue Partnerin/einen neuen Partner finden, ich könnte diesbezüglich ja mal etwas unternehmen, vielleicht einfach mal tanzen gehen, aber vielleicht bleibe ich doch lieber zu Hause, nicht dass ich nachher noch mehr gefrustet bin, als vorher". Hier gilt es meiner Ansicht nach, zu erkennen, dass wir nur etwas erreichen können, wenn wir die Hürden, die uns behindern identifizieren und aus eigener Kraft überwinden. Viele dieser Hürden und Hindernisse sind nicht an den äußeren Umständen festzumachen, sondern sie liegen in uns selbst. Es sind unsere eigenen Gewohnheiten, Denk- und Verhaltensmuster, die uns in der Stagnation gefangen halten und die es – wenn es die Situation erfordert – zu durchbrechen gilt. Es geht also darum, sich dieser Hürden und der Notwendigkeit diese zu überwinden, bewusst zu werden. Mir persönlich hat dabei sehr die Vorstellung geholfen, dass Selbstüberwindung ein sehr positiver Begriff ist. Es ist für mich ein Schlüssel, der mir nahezu alle Türen, die es zu durchschreiten gilt, öffnen kann. Ein ganz wunderbarer Zauberschlüssel sozusagen. Ich denke bei dem Begriff Selbstüberwindung also nicht an den berühmten inneren Schweinehund, der mir immer wieder die Stirn bietet, sondern ich halte mir das Bild eines goldenen Schlüssels vor Augen. Selbstüberwindung halte ich für eines der wichtigsten Themen, die Sie unbedingt in Ihr ganz persönliches Bewusstseinstraining mit aufnehmen sollten. Wie Sie Ihre Themen auswählen und in Ihr Training einarbeiten, erfahren Sie – wie bereits erwähnt – weiter hinten im Buch.

Wertesysteme

So unterschiedlich und einzigartig die Menschen sind, so verschieden sind auch ihre persönlichen Wertesysteme. Jeder hat eine andere Wahrheit. Für den einen ist dies richtig, für den anderen das. Was für den einen verabscheuungswürdig erscheint, ist für den anderen liebenswert. Die einen mögen klassische Musik, die anderen Schlager. Die einen machen gerne FKK-Urlaub, die anderen finden das verwerflich. Die einen wünschen sich Kinder, die anderen nicht. Die einen sehen den Menschen als Krone der Schöpfung, die anderen sehen alles Leben als gleichberechtigt an.

Menschen streiten sehr häufig über etwas, von dem sie eine unterschiedliche Auffassung haben. Jeder will den anderen von seiner Sicht der Dinge überzeugen und hält die eigene Wahrheit für allgemein gültig. Oft sind die Beteiligten noch nicht einmal in der Lage einander zuzuhören und die eigene Meinung zumindest noch einmal zu überdenken. Es geht mehr darum, dem anderen zu beweisen, dass er Unrecht hat. In nachmittäglichen Talkshows geht man sogar soweit, sich gegenseitig zu beschimpfen, weil die eine Körperbehaarung bei Männern erotisch findet und die andere ekelhaft und unhygienisch. Anstatt zu verstehen, dass das reine Ansichtssache ist. Oder: Die einen sind stark übergewichtig und erklären, dass sie sich trotzdem schön finden und die anderen beleidigen sie mit Worten wie: „Guck dich doch bloß mal an". Offensichtlich fällt es vielen Menschen schwer, anderen eine eigene Meinung oder innere Haltung zuzugestehen und wertschätzend zu sein.

Damit man in Verbindung mit der höheren Macht senden und empfangen sowie selbstbestimmt und eigenverantwortlich Entscheidungen treffen kann, ist es durchaus wichtig, eine eigene Sicht auf die Dinge zu haben und seinen Standpunkt auch zu vertreten. Das gilt aber eben nicht nur für einen selbst, sondern für alle anderen auch. Wenn man das nicht verinnerlicht hat, kann es leicht passieren, dass es zu intoleranten Bewertungen und Aussagen kommt.

Intoleranz behindert das Verbinden-Senden-Empfangen-Prinzip. Nur durch ein verständnisvolles Miteinander erreichen uns die von der universellen Kraft bereitgehaltenen Signale und Informationen in vollem Ausmaß. Man muss natürlich nicht mit allem einverstanden sein, was andere sagen, aber bevor man sie verurteilt und abwertet, sollte man überprüfen, ob es irgendjemandem schaden könnte, dem anderen seine eigene Meinung zuzugestehen. Man sollte sich selbst vergewissern, ob es einem nur darum geht, Recht zu haben oder ob wirklich eine echte Überzeugung dahinter steckt. Was jeder Einzelne denkt, fühlt oder wahrnimmt, ist von vielen Faktoren abhängig: Woher man kommt, was man erlebt hat, wie man veranlagt ist, wie man behandelt oder erzogen wurde usw. Sogar wenn jemand tatsächlich unsoziale Sichtweisen entwickelt oder gestörte Persönlichkeitsmerkmale ausgebildet hat, gibt es sicher Gründe dafür, warum er so ist, wie er nun einmal ist und man muss ihn nicht entwerten!

Wahrheiten

Was ist Wahrheit? Gibt es immer nur eine Wahrheit oder ist es möglich, dass mehrere Wahrheiten nebeneinander existieren? Manchmal ist diese Frage ganz einfach zu beantworten. Eins und eins sind zwei. Das ist nun einmal die Wahrheit und da kann niemand etwas daran ändern. Solche Beispiele gibt es viele und sicher fallen Ihnen selbst noch welche ein. Hier gilt für alle Menschen dieselbe Wahrheit. Es gibt aber auch Wahrheiten (Überzeugungen), die nicht allgemein gültig sind, sondern für jeden Menschen eine andere Gültigkeit haben. Hier einige Beispiele:

- Die Farbe Blau ist schön! (Das wird sicher nicht jeder Mensch genauso sehen.)

- Schlangen sind ekelhaft! (Andere finden diese Tiere faszinierend.)

Es gibt unzählige Beispiele. So, wie Sie die oben aufgeführten Behauptungen gelesen haben, sind sie jedoch als allgemein gültige Wahrheiten formuliert worden. Nun handelt es sich bei diesen Beispielen noch um ganz harmlose Behauptungen, die wahrscheinlich kaum jemanden provozieren oder verletzen könnten, aber überlegen Sie sich einmal, was für eine Provokation folgende als allgemein gültig formulierte Behauptungen auslösen könnten:

- Ausländer nehmen uns hier in Deutschland doch nur die Arbeitsplätze weg! (Das mag derjenige, der diesen Satz ausspricht tatsächlich so sehen und es ist auch nun einmal seine Wahrheit, aber viele andere sehen das ganz anders und könnten sich über diese Formulierung sehr ärgern.)
- Tiere sind doch nur seelenlose Dinge, die keine Gefühle haben! (Das scheint leider immer noch von vielen Menschen so gesehen zu werden und für diese ist es auch tatsächlich wahr! Viele andere Menschen sehen das jedoch ganz anders und würden sich durch solch eine Aussage provoziert fühlen.)
- Frauen gehören an den Herd! (Es mag sicher noch Männer geben und ich glaube sogar Frauen, die das so sehen und dies als Wahrheit verinnerlicht haben! Die große Mehrheit sieht das sicher nicht so und würde einer solchen Behauptung klar widersprechen.)

Sicher fallen Ihnen selbst noch viele Beispiele ein. Damit Sie Ihre eigene Wahrheit haben und vertreten können, und umgekehrt auch jeder andere seine Wahrheit haben und vertreten darf, ist es wichtig, die Wahrheiten als eigene und nicht als allgemein gültige Wahrheiten zu begreifen und zu formulieren. Eigene Wahrheiten sollten Sie anderen Menschen zugestehen. Genauso, wie andere Ihnen Ihre Wahrheiten zugestehen sollten. Sie dürfen es ja sehen, wie Sie wollen, aber Sie sollten Ihre Wahrheiten nicht anderen überstülpen. Das tun Sie aber, wenn Sie Ihre Wahrheiten als allgemein gültig formulieren. Andere fühlen sich dadurch zu Recht verletzt und provoziert. Oben genannte Beispiele sollten besser als eigene Wahrheiten formuliert werden und würden dann wie folgt lauten:

- Die Farbe Blau finde ich schön! (Das ist die eigene Wahrheit und das bleibt sie, auch, wenn andere das anders sehen.)
- Schlangen finde ich ekelhaft! (Das klingt anders, als wenn man sagt, dass Schlangen ekelhaft sind. Es wird damit nur ausgesagt, dass es für einen persönlich so ist. Andere dürfen diese Tiere ganz wunderbar finden.)
- Ich finde, Ausländer nehmen uns hier in Deutschland doch nur die Arbeitsplätze weg! (Damit sagt jemand, was für ihn wahr ist. So unreflektiert und wenig überzeugend eine solche Aussage meiner Meinung nach auch sein mag, sie unterstellt nicht, dass andere es genauso sehen sollten.)
- Tiere sind für mich nur seelenlose Dinge, die keine Gefühle haben! (Es fällt mir ehrlich gesagt unglaublich schwer, jemandem diese Wahrheit zuzugestehen, aber letztlich sieht dieser Mensch es nun einmal so. Jeder hat seine Gründe, warum er etwas so oder so empfindet. Zu einem gewissen Prozentsatz kann niemand selbst etwas dafür, welche Überzeugungen er angenommen hat oder was er fühlt. Jemand sagt damit ja

auch nur, dass es für ihn selbst so ist. Diese Formulierung räumt den anderen ein, es auch anders sehen zu können.)

- Frauen gehören meiner Meinung nach an den Herd! (Wie gut, dass hier jemand darauf hinweist, dass es bei dieser Behauptung nicht um eine allgemeingültig zu akzeptierende Wahrheit geht, sondern glücklicherweise nur um eine persönliche.)

Wenn Sie Ihre Überzeugungen als eigene Wahrheiten begreifen und aussprechen, räumen Sie den anderen ein, es anders sehen zu können. Vielleicht werden Sie trotzdem noch Menschen begegnen, die Ihnen Ihre Wahrheit nicht zugestehen wollen, aber machen Sie sich in solchen Fällen klar, dass Sie das Recht auf eine eigene Sicht haben. Schenken Sie diesen Menschen nicht zu viel Aufmerksamkeit und lassen Sie sich nicht von Ihnen provozieren.

Bleiben Sie bei Ihrer Wahrheit und vertreten Sie sie auch ruhig nach außen. Wenn andere sich durch Ihre Behauptungen verletzt fühlen, teilen Sie ihnen mit, dass es Ihnen nicht darum geht zu provozieren, sondern darum, Ihre eigene Meinung haben zu dürfen. Sagen Sie, dass Ihnen nichts daran liegt, Recht zu haben, und dass Sie nichts dagegen haben, wenn andere es anders sehen. Vielleicht gelingt es Ihnen, andere dazu zu bewegen, dass sie Ihnen Ihre Wahrheit zugestehen. Falls Sie nichts ausrichten können, machen Sie sich nichts daraus. Sie werden es nicht schaffen, es immer allen recht zu machen oder von allen akzeptiert zu werden. Das ist auch gut so, denn das Verbinden-Senden-Empfangen-Prinzip funktioniert ganz wunderbar, wenn Sie Ihre eigenen Wahrheiten als solche aussprechen, nach außen vertreten und den anderen ihre Wahrheiten zugestehen. Selbst wenn die Wahrheit der anderen darin besteht, dass sie Ihre nicht akzeptieren wollen. Gestehen Sie ihnen ruhig zu, Ihre Meinung nicht zu verstehen. Nicht jeder wird dazu in der Lage sein, andere Menschen und deren Meinungen als gleichberechtigt zu akzeptieren und ihnen wertschätzend oder anerkennend zu begegnen. Viele sind zu notorischen Nörglern oder Besserwissern geworden. Gegen diese Menschen haben Sie keine Chance. Kämpfen Sie nicht mit ihnen, sondern lassen Sie los und leben Sie Ihre eigene Wahrheit. Das heißt aber nicht, dass Sie nicht auch ab und an darüber nachdenken könnten, ob Sie zu Ihren Wahrheiten heute noch stehen. Manchmal können andere Menschen Sie vielleicht überzeugen, Ihre Meinung zu überdenken und schließlich zu ändern. Geben Sie das dann auch ruhig offen und ehrlich zu. Sie werden anderen damit ein Vorbild sein.

Lügen

Wenn man Menschen fragt, welcher Wert oder welche Charaktereigenschaft ihnen an anderen und für sich selbst besonders wichtig ist, so bekommt man sehr häufig zur Antwort: Ehrlichkeit. Sie wünschen sich Partner, Kollegen und Freunde, die immer ehrlich zu ihnen sind und selbstverständlich wollen sie selbst auch immer ehrlich zu anderen sein. Diese Antwort halte ich jedoch für eine Lüge. Ich glaube, es ist gut möglich, dass sich viele überhaupt nicht darüber im Klaren sind, was sie mit dieser Antwort eigentlich behaupten. Wenn man sich z.B. einen Partner wünscht, der immer nur ehrlich ist, meint man vermutlich in Wirklichkeit jemanden, der einem niemals wehtun könnte, niemals enttäuschen oder immer nur den eigenen Bedürfnissen entsprechend Liebe und Aufmerksamkeit schenken würde und das am liebsten für immer und ewig. Deshalb ist diese Antwort widersprüchlich. Jemand, der immer nur ehrlich ist, kann auch mit seiner Ehrlichkeit verletzen. Seine ehrliche Meinung kann enttäuschen, und er wird nur Liebe und Aufmerksamkeit schenken, wenn er wirkliche Liebe empfindet und das Bedürfnis verspürt, aufmerksam zu sein. Andernfalls wäre er ja nicht wirklich ehrlich.

Aber einen solchen aufrichtigen „Bösewicht“ will ja eigentlich keiner als Partner haben. Um nicht verletzt und enttäuscht zu werden oder nicht genug Aufmerksamkeit zu bekommen, erpresst man z.B. durch eingeschnapptes Reagieren, energisches Drohen, wütendes und aggressives Gebärden oder auch freundliches Getue die gewünschte Verhaltensweise des Partners oder der anderen Mitmenschen. Die anderen machen es mit einem selbst genauso. Und das alles nur, weil man dem anderen nicht seine eigene Sicht, seine eigenen Gefühle und seine eigenen Bedürfnisse zugestehen kann. Dies tötet natürlich jedes Interesse ab. Auch Liebe kann sich nur dort ausbreiten, wo sie frei ist. Sobald man sie erzwingen oder einfangen möchte, verschreckt man sie.

Könnten wir einander in unseren unterschiedlichen Eigenarten anerkennen und wertschätzen, würden solche Probleme gar nicht erst entstehen. Wir würden begreifen, dass das Verhalten der anderen zuerst mit ihnen selbst zu tun hat. Natürlich würde es immer noch wehtun, wenn ein geliebter Mensch sich von einem trennen würde. Dann wüsste man aber zumindest, dass derjenige nichts für seine Gefühle kann und würde viel besser damit umgehen können. Es gäbe einfach keinen Grund, dem anderen deswegen Vorwürfe zu machen. Man hätte nicht das Gefühl, enttäuscht worden zu sein und könnte anderen Menschen viel schneller wieder offen und vorurteilsfrei begegnen und sich auf eine neue Beziehung einlassen.

So zu sein, wie es unseren Gefühlen, Bedürfnissen, Talenten und Interessen entspricht, das ist unsere Bestimmung. Auch, wenn andere dabei manchmal verletzt werden können.

Wenn Sie von einem Freund oder Verwandten gefragt werden, ob Sie mit ihm ausgehen wollen und Sie aber gar keine Lust dazu haben, könnte es vielleicht sein, dass Sie eine Ausrede erfinden? Oder antworten Sie auf solche Fragen immer ehrlich? In der Regel erfindet man doch irgendeine kleine Notlüge. Man sagt: „Oh, ich würde sehr gerne mit dir ausgehen, aber leider kann ich nicht". Man antwortet so, weil man glaubt, dass der andere die Wahrheit nicht vertragen würde und weil man sich nicht unbeliebt machen möchte.

Wenn Ehrlichkeit wirklich einen so hohen Stellenwert hätte, und man sich gegenseitig Aufrichtigkeit zugestehen könnte, dann würde eine ehrliche Antwort nicht verletzen und man würde sich dadurch auch nicht unbeliebt machen.

Es ist sicher schwierig, mit Wahrheit und Lüge so umzugehen, dass die Balance zwischen Aufrichtigkeit und Rücksichtnahme gewahrt ist. Aber auch hierbei halte ich eines wiederum für sehr wichtig: Man sollte für seine Lügen immer die Verantwortung übernehmen können. Das heißt, im Zweifelsfall, sollte man zugeben, dass man nicht ganz ehrlich war und den Grund dafür erklären. Es ist etwas anderes, ob man jemandem nicht die Wahrheit sagt, weil man ihn nicht verletzen möchte oder ob man jemanden anlügt, um sich selbst einen Vorteil zum Nachteil des anderen zu verschaffen. Es ist auch etwas anderes, ob man anderen gegenüber nicht die Wahrheit erzählt, um sich vor eventuellen Nachteilen zu schützen oder ob man andere damit bewusst hintergeht, ausnutzt oder manipuliert.

Bedenken Sie, dass Wohlwollen und Wertschätzung als Voraussetzungen für das Funktionieren des Verbinden-Senden-Empfangen-Prinzips gelten.

Kommen Ihnen folgende Situationen vielleicht bekannt vor?

- Sie werden von Ihrem Chef gefragt, ob Sie für ihn Kaffee kochen können. Sie finden nicht, dass das Ihre Aufgabe ist und möchten am liebsten nein sagen. Sie sagen ihm jedoch nicht die Wahrheit, weil Sie sich keinen Nachteil durch ein Nein einhandeln wollen.
- Sie werden zum Geburtstag eines Verwandten eingeladen, von dem Sie wissen, dass er erwartet, dass Sie kommen werden. Sie haben überhaupt keine Lust, weil Sie eigentlich schon eine Verabredung haben. Am liebsten würden Sie nicht hingehen, aber Sie verraten ihm das nicht und tun ihm den Gefallen. Vielleicht sagen Sie sogar noch, dass Sie sich über die Einladung sehr gefreut haben.
- Sie werden gefragt, wie es Ihnen geht. Es geht Ihnen schlecht, aber Sie lügen mit einem Lächeln und sagen, dass es Ihnen ganz gut geht.
- Sie treffen jemanden auf der Straße und fragen ihn, wie es denn so geht. Dass Sie das eigentlich gar nicht interessiert, sagen Sie ihm jedoch nicht.

- Ihr Chef fragt Sie, wie es Ihnen in der Firma gefällt. Sie würden am liebsten sagen, dass Sie es kaum noch aushalten. Stattdessen lügen Sie und behaupten, dass Sie Ihre Arbeit sehr gerne machen.

Noch einmal: ich sage nicht, dass es immer richtig ist, die Wahrheit zu sagen. Außerdem dürften Sie es kaum schaffen, wirklich immer nur ehrlich zu sein. Noch nicht einmal sich selbst gegenüber. Sie sollten es jedoch mit Ihren Unwahrheiten nicht übertreiben. Ihnen und anderen zuliebe. Überlegen Sie sich gut, wo Sie eine kleine Unaufrichtigkeit vertreten können oder wo Sie sich und anderen keinen Gefallen damit tun.

Manchmal muss man auch den Mut haben, die Wahrheit auszusprechen. Sagen Sie z.B. auch einmal nein. Auch, wenn es Ihnen schwer fällt. Es ist wichtig, dass die anderen lernen, dass Sie Ihre Grenzen haben. Sonst werden Sie schnell ausgenutzt. Stehen Sie, wo es Ihnen möglich ist, zu Ihren Wahrheiten. Wenn Sie das üben, wird es Ihnen von Mal zu Mal leichter fallen, weil Sie merken werden, wie gut es Ihnen tut.

Gesundheit

Als Grundlage für ein selbstbestimmtes, langes und erfülltes Leben, ist Gesundheit von größter Wichtigkeit. Jeder, der schon einmal krank war, kann schätzen, was es bedeutet, gesund zu sein. Natürlich gibt es heutzutage viele Krankheiten, mit denen man Dank des medizinischen Fortschritts relativ gut leben kann. Viele Menschen unterschätzen jedoch den Wert ihrer nur scheinbar selbstverständlichen Gesundheit. Es ist wichtig, auf sie zu achten! Die drei wichtigsten Faktoren dabei sind, gesunde Ernährung, Bewegung sowie ein ausgewogenes Verhältnis zwischen körperlicher sowie geistiger Belastung und Erholung.

Überlegen Sie sich, wie Sie Ihr Leben vereinfachen können, um weniger belastet zu sein. Informieren Sie sich über gesunde Ernährung, Sport, Gymnastik und Entspannungsmethoden sowie über alles, was Sie tun können, um sich gesund zu erhalten. Sie werden viele Antworten finden und wahrscheinlich nicht alles, was Ihnen als richtig und wichtig erscheint, in die Tat umsetzen wollen. Entscheiden Sie selbst, was speziell für Sie richtig ist.

Sie werden dann bald herausgefunden haben:

- welche Nahrungsmittel und Getränke gesund sind und welche eher nicht.
- dass Rauchen nicht nur die Lunge schädigt.
- dass zu viel Alkohol nicht nur die Leber angreift.
- dass zu viel Salz im Körper Schaden anrichtet.
- dass Getränke und Speisen, die weißen Zucker enthalten Zähne, Haut und Knochen angreifen.
- dass fette Speisen belasten.
- dass ein Mangel an Bewegung das Immunsystem schwächt.
- dass ein Leben ohne körperliche Betätigung träge macht.
- dass zu viel Arbeit und zu viel Stress die Nerven aufreiben.
- dass zu wenig Freizeit einen von sich weg führt.
- dass zu wenig Erholung einem Zusammenbruch Vorschub leistet.

- dass zu wenig Lachen ein Gefühl von Schwere erzeugt

und vieles mehr …

Wenn Sie für sich herausgefunden haben, was Ihnen und Ihrer Gesundheit gut tut, prüfen Sie, was Sie von all dem beherzigen und in die Tat umsetzen wollen.

Vielleicht ist Ihnen klar, dass Sie zu fett essen, aber treffen Sie die Entscheidung, inwiefern Sie Ihre Gewohnheit verändern möchten.

Vielleicht wissen Sie, dass Sie in einigen Jahren mit gesundheitlichen Problemen rechnen müssen, wenn Sie weiterhin rauchen, aber treffen Sie für sich selbst die Entscheidung, ob Sie dieses Risiko in Kauf nehmen möchten oder nicht.

Vielleicht ist Ihnen klar, dass Sie durch das Trinken von zu viel Limonade oder das Essen von Süßem aus weißem, raffiniertem Zucker alle möglichen Nachteile in Kauf nehmen, finden Sie jedoch für sich heraus, ob Sie deswegen weniger davon zu sich nehmen mögen, ganz darauf verzichten möchten oder nichts verändern wollen, und treffen Sie Ihre Entscheidung.

Vielleicht würden Sie sich gern etwas mehr bewegen oder sogar Sport treiben um fitter zu werden, aber vielleicht ist Ihnen Fernsehen wichtiger. Treffen Sie die Entscheidung für sich selbst!

Vielleicht wissen Sie, dass Sie den Stress am Arbeitsplatz nicht mehr lange verkraften können, aber vielleicht möchten Sie trotzdem lieber dort bleiben, als den Aufwand zu betreiben, wirklich etwas zu verändern. Es liegt bei Ihnen.

Vielleicht leiden Sie unter der Tatsache, dass Sie keine Freizeit haben, aber bevor Sie es sich gut gehen lassen, befriedigen Sie lieber das Bedürfnis, Ihr Leben für andere aufzuopfern.

Sie können das entscheiden wie Sie wollen. Nur machen Sie sich bei all diesen Dingen immer eines ganz klar: Sie tragen für Ihre Entscheidungen die Verantwortung. Auch wenn Sie keine Entscheidung treffen, haben Sie sich entschieden. Wenn Sie etwas, das Ihnen nicht gut tut, nicht ändern, entscheiden Sie sich automatisch dafür, es so zu lassen, wie es ist. Sie tragen die Verantwortung, ob Sie sie übernehmen wollen oder nicht. Daher ist es in jedem Fall besser, sich von vornherein seiner Verantwortung bewusst zu sein.

Gesunde Ernährung

Je gesünder Sie sich ernähren, umso höher ist die Wahrscheinlichkeit, dass Sie nicht ernsthaft krank werden und ein hohes Alter erreichen.

Natürlich gibt es immer Beispiele, die anderes belegen. Wenn es um das Nichtrauchen geht, heißt es oft, dass der Opa auch ein starker Raucher war und über neunzig geworden ist. Die Nachbarin, die nur im Bioladen eingekauft hat, ist aber bereits mit siebenunddreißig an Krebs gestorben. Natürlich gibt es solche Fälle. Letztlich ist Ihre Gesundheit von sehr vielen Faktoren abhängig, von denen Ernährung, Schlaf, Entspannung, Bewegung, Geist, Psyche, Gene und Umwelt nur einige sind. Jedoch beeinflusst die Ernährung Ihre Gesundheit grundlegend. Durch eine gute Ernährung werden alle Stoffwechselvorgänge und Körperfunktionen optimal unterstützt. Ohne ausreichende Versorgung des Körpers mit Nährstoffen, Vitaminen und Spurenelementen können Körper, Geist und Seele Schaden nehmen. Durch belastende Speisen und Getränke können Schlafstörungen auftreten, Übergewicht entstehen, psychische bzw. physische Leiden entwickelt werden und vieles mehr. Daher lohnt es sich in vielerlei Hinsicht, auf die Ernährung zu achten.

Gesunde Nahrungsmittel

Dazu gehören: Obst, Salat, Gemüse, Getreidearten, Milch, Milchprodukte, Eier, Vollkornprodukte, Pflanzenöle mit einem hohen Anteil mehrfach ungesättigter Fettsäuren, echter Honig, Rohrohrzucker, Meersalz, Nüsse, Samen, Kerne, frische Kräuter, reine Fruchtsäfte ohne Zuckerzusatz und ohne Zusatz von Zuckerersatzstoffen, reine Gemüsesäfte, Fisch und Fleisch in Maßen.

Ergänzen möchte ich an dieser Stelle noch, dass diese Nahrungsmittel, nicht für alle Menschen gleichermaßen geeignet sind. Es gibt heutzutage zahlreiche Allergien und Unverträglichkeiten, die selbstverständlich auch durch gesunde Nahrungsmittel ausgelöst werden können. Gerade Getreide- und Milchprodukte sowie Nüsse und Honig werden häufig nicht vertragen. Es gibt auch viele Menschen, die auf Vollkornprodukte mit Beschwerden reagieren. Unter Umständen reicht es also nicht aus, sich allgemein über gesunde Ernährung zu informieren. Auch hier sind Ihre ganz individuellen Vorlieben, Schwächen und Gegebenheiten zu berücksichtigen.

Ungesunde Nahrungsmittel
Beispiele dafür sind: Fertiggerichte, Dosenobst, Dosengemüse, Pommes frites, Speisen und Getränke mit weißem Zucker, Paniertes, Frittiertes, Mayonnaise, Knabberzeug, Limonade, Fruchtnektargetränke, fette Speisen, zu viel Kaffee, zu viel Alkohol, Margarinen bzw. Speiseöle, die keine mehrfach ungesättigten Fettsäuren enthalten, Konservierungsmittel und Geschmacksverstärker.

Entspannung / Schlaf

Dass Sie genügend Schlaf und Entspannung benötigen, um Ihr Leben möglichst vital und aktiv gestalten zu können, ist Ihnen wahrscheinlich bewusst. Sie können Ihren Tag nur mit Power angehen, wenn Sie durch genügend körperliche, seelische und geistige Erholung dafür sorgen, sich zu regenerieren.

Nach einem langen und anstrengenden Arbeitstag brauchen Körper und Geist Erholung. Oft zwingt man sich jedoch, am Abend noch Allerlei zu erledigen und sei es nur, um das Gefühl zu bekommen, seine Freizeit noch irgendwie ausgefüllt zu haben. Da sonst nicht genügend Zeit ist, etwas Schönes zu tun, presst man noch einen Fernsehfilm oder einen Besuch bei Freunden in die Abendstunden hinein. In solchen Fällen sollten Sie prüfen, ob Sie tatsächlich noch fit genug dafür sind und ob Sie wirklich Lust dazu haben. Wenn ja, ist es wunderbar, wenn nein, sollten Sie sich besser eine Pause gönnen. Überlegen Sie stattdessen lieber, wie Sie es schaffen könnten, künftig mehr freie Zeit zur Verfügung zu haben. Lässt sich die Arbeit im Haushalt anders organisieren? Können Sie sich von einigen Dingen befreien, die Sie nur tun, weil andere sie von Ihnen erwarten? Können Sie mit Ihrem Arbeitgeber vereinbaren, wöchentlich ein paar Stunden weniger zu arbeiten? Besteht die Möglichkeit, dass Sie sich einen anderen Job suchen, der Ihnen mehr Freizeit bietet? Vielleicht machen Sie dann eines Tages das, was Sie schon immer machen wollten!?

Um überhaupt den Kopf frei zu haben, für das Treffen von Entscheidungen und das Herbeiführen von Veränderungen, benötigen Sie genügend Schlaf, Entspannung und ausreichende Pausen. Finden Sie heraus, wie, wann und womit Sie sich am besten entspannen können. Schauen Sie z.B. einfach mal in einer Bücherei nach, was Sie dort zu diesem Thema finden können! Vielleicht spricht Sie irgendein Buch oder eine CD über eine bestimmte Entspannungsmethode besonders an. Probieren Sie es einfach aus und finden Sie heraus, was zu Ihnen passt.

Achten Sie darauf, dass Sie genügend schlafen. Denken Sie darüber nach, durch welche Faktoren Ihr Schlaf gestört wird. Kaffeegenuss und Alkoholkonsum können den Körper z.B. so stark belasten, dass Sie sich im Schlaf nicht ausreichend erholen können. Licht- und Geräuschquellen könnten verantwortlich sein, dass Sie nicht tief genug schlafen. Machen Sie sich klar, welche Rolle Schlaf und Entspannung für Ihre Gesundheit und Leistungsfähigkeit spielen.

Atmen

Ebenso wie Schlaf und Entspannung gehört zum Thema „Gesundheit“ das richtige Atmen. Viele Menschen atmen zu oberflächlich. Es ist aber wichtig, die gesamte Lunge mit Sauerstoff anzureichern. Durch zu flaches Atmen wird die Lunge nicht ausreichend belüftet. Teilbereiche der

Lungen werden dadurch kaum noch genutzt und verkümmern im Laufe der Zeit. Abgestorbene Lungenbläschen gehen für immer verloren, sie können nicht regeneriert werden. Am schlechtesten wird die Lunge durch permanentes Liegen, z.B. in Krankenhäusern oder bei Bettlägerigkeit belüftet. Dadurch werden Teilbereiche der Lunge so schlecht mit Sauerstoff versorgt, dass sich in ihnen Bakterien festsetzen, die zu Lungenentzündungen führen können.

Sie müssen nicht unbedingt das Atmen neu erlernen, aber es wird sich sehr positiv auf Ihre Gesundheit auswirken, wenn Sie Ihrer Atmung etwas mehr Aufmerksamkeit schenken. Vielleicht können Sie täglich einfach ein paar Atemübungen durchführen. Beispielsweise könnten Sie jeden Morgen vor dem Aufstehen fünfzehn tiefe und ruhige Atemzüge nehmen. Atmen Sie dabei intensiv in den Bauch, in Ihre Flanken und Ihren Rücken ein. Um die Atemtiefe noch zu verstärken, können Sie sich dabei recken und strecken. Denken Sie vielleicht tagsüber hin und wieder daran, ein paar tiefere Atemzüge zu nehmen. Atmen Sie dabei aber unbedingt langsam ein und noch langsamer wieder aus! Ein zu schnelles Atmen kann Ihnen Schwindel verursachen.

Es gibt in Volkshochschulen, Yoga- und Gesundheitszentren wunderbare Atemseminare. Es lohnt, sich darüber zu informieren.

Bewegung / Ausdauer

Ebenso spielen Bewegung und Ausdauer beim Thema „Gesundheit“ eine wichtige Rolle. Ein Spaziergang und jedes noch so kurze, aber regelmäßige Körpertraining wirkt sich positiv auf Gelenke und Muskulatur aus. Außerdem werden dadurch Ihr Kreislauf in Schwung gebracht, Lungen und Knochen gekräftigt sowie das Herz gestärkt. Mehr Widerstandskraft und Wohlbefinden können sich einstellen. Durch wenig Bewegung oder auch zu flaches Atmen gelangt nicht genügend Sauerstoff ins Blut. Für das Immunsystem kann das fatale Folgen haben. Vielleicht gehören Sie auch zu den Personen, die sich gesund ernähren, zusätzlich Vitaminpräparate einnehmen und trotzdem immer wieder Erkältungen bekommen. Gesunde Ernährung allein hält Sie nicht fit. Zwar bieten Sie dadurch Ihrem Körper in ausreichender Menge Vitamine, Spurenelemente und Mineralstoffe an, jedoch ist der Organismus ohne ausreichenden Sauerstoffgehalt im Blut nicht in der Lage, diese richtig zu verwerten. Durch den Sauerstoffgehalt im Blut wird unter anderem der Stoffwechsel optimal unterstützt und die Verwertung von Nährstoffen begünstigt.

Wenn Sie sich und Ihrer Gesundheit einen großen Gefallen tun möchten, machen Sie zwei- bis dreimal wöchentlich ein leichtes Ausdauertraining. Das hört sich für viele Menschen schlimmer an, als es tatsächlich ist. Das heißt nämlich nicht, dass Sie sich quälen und abstrampeln sollen, sondern, sich angepasst an Ihre derzeitige Leistungsfähigkeit bewegen und diese in kleinen Schritten steigern. So, dass es Ihnen gut tut und obendrein noch Freude macht. Das können Sie z.B. ganz wunderbar mit einem Heimtrainer oder besser noch einem Ergometer zu Hause durchführen. Sie radeln einfach in Ihrem Wohn- oder Schlafzimmer, wann und wie es Ihnen passt. Schöner sind natürlich Aktivitäten im Freien, wie z.B. Walken oder Ähnliches. Besprechen Sie bitte zuvor mit Ihrem Arzt, in welcher Art die Trainings für Sie geeignet sind.

Freizeit
Mit Freizeit ist hier jene freie Zeit gemeint, die Sie nicht damit verbringen, Ihren Lebensunterhalt zu verdienen, Verpflichtungen nachzugehen oder für einen anderen Menschen da zu sein. Freizeit bedeutet, Zeit zu haben, in der Sie sich frei fühlen, um tun oder lassen zu können, wozu Sie Lust haben. Wenn Sie beispielsweise einem Freund am Wochenende helfen, die Wohnung zu renovieren, können Sie nicht sagen, dass Sie das in Ihrer Freizeit tun. Selbst, wenn es für Sie selbstverständlich ist und es Ihnen sogar gut tut zu helfen, haben Sie dann keine Freizeit. Es sei denn, das Renovieren von Wohnungen ist Ihr liebstes Hobby.

In Ihrer freien Zeit können Sie Dinge tun, über die Sie ganz allein entscheiden. Sie bestimmen, was Sie machen möchten und wozu Sie Lust haben! Sie gehen beispielsweise Ihren Interessen nach. Leben Talente und Bedürfnisse aus. Erfüllen sich Wünsche. Lassen einfach mal mit einem guten Buch die Seele baumeln. Gehen nackt in einem See schwimmen, weil es einfach so ein herrliches Gefühl ist. Vertrödeln einfach mal einen Tag im Bett und genießen die Ruhe. Malen ein Bild. Schreiben ein Lied, oder machen etwas anderes Kreativ-Künstlerisches. Gehen ins Kino, weil Sie diesen Film unbedingt sehen wollen oder treffen sich einfach so zum Plaudern mit Freunden, weil Sie Lust dazu haben.

Wenn Sie sehr stark in Alltagsverpflichtungen eingebunden sind, kann es vorkommen, dass Ihnen in Ihrer Freizeit sogar langweilig wird. Sie sind es gar nicht gewöhnt freie Zeit zu haben. Aber auch durch zu viel Fernsehen oder andere passive Freizeitgestaltung können Sie es verlernen, Ihre Freizeit sinnvoll auszufüllen und sich selbst wahrzunehmen. Oft wird dann versucht, die Langeweile mit Dingen zu vertreiben, die man nur tut, weil einem einfach nichts Besseres einfällt. Wenn Sie aus Langeweile ins Kino gehen oder sich mit Freunden treffen, unternehmen Sie nicht wirklich etwas gegen das Problem. Viele Menschen treffen sich aus langer Weile mit anderen und langweilen sich dann mit ihnen gemeinsam. Da ist es besser, die Langeweile einmal auszuhalten und sich ihr hinzugeben. In solch einem Fall prüfen Sie, woran es liegen könnte, dass Sie nicht in der Lage sind, Ihre Zeit Ihren Bedürfnissen und Interessen gemäß auszufüllen.

In einem Leben ohne sinnvolle Freizeitgestaltung ist kein Platz für Selbstbestimmung, Selbstfindung, Gesundheit, Eigenverantwortung und innere Führung. Das Verbinden-Senden-Empfangen-Prinzip ist gestört.

Arbeit

Heute müssen viele Menschen für Miete, Gas, Wasser, Strom sowie für Lebensmittel und vieles mehr, so viel von ihrem Geld ausgeben, dass kaum noch etwas für Freizeit und Hobby übrig bleibt. Die Umstände zwingen Menschen oft sogar dazu, so viel zu arbeiten, dass keine Zeit mehr für private Interessen vorhanden ist. Der eigentliche Lebenssinn bleibt auf der Strecke. Hier stimmt etwas nicht! Wir sollten arbeiten, um zu leben! Nicht leben, um zu arbeiten.

Prüfen Sie, was speziell für Sie „leben“ heißt und wodurch es für Sie lebenswert wird. Für mich bedeutet es, seine Bedürfnisse, Interessen und Talente zu berücksichtigen und den eigenen Weg zu gehen. Natürlich nur im Rahmen des Möglichen und als sozial wie gesellschaftlich integeres

Wesen. Wer nur damit beschäftigt ist, das Nötigste für den Lebensunterhalt zu verdienen, ist eher mit dem „Überleben“ beschäftigt, als mit dem „Leben“.

In solch einem Fall halte ich es für besonders wichtig, ein erreichbares Ziel zu formulieren und dieses mit Ihrem Bewusstseinstraining zu verinnerlichen. Machen Sie sich Gedanken, wie Sie Ihre Situation verändern können und was Sie gerne erreichen möchten. Vertrauen Sie darauf, dass Sie eine Lösung finden werden. Dann haben Sie den ersten Schritt bereits getan. Reden Sie sich nicht ein, dass Sie froh sein müssen, überhaupt Arbeit zu haben. Natürlich müssen Sie für Ihren Lebensunterhalt sorgen, aber richten Sie Ihren Blick auf das, was Sie am besten können und am liebsten tun. Versuchen Sie das zu ihrem Beruf zu machen und glauben Sie daran, dass Sie dieses Ziel erreichen werden.

Wenn es für Sie keine passende Stelle gibt, dann überlegen Sie doch einmal, wie Sie sich vielleicht mit Ihren Fähigkeiten selbständig machen könnten. Was haben Sie der Welt zu bieten? Was sind Ihre Begabungen? Da gibt es welche! Auch, wenn Sie es zurzeit noch nicht erkennen.

Dabei spielt es noch nicht einmal eine Rolle, welchen Schulabschluss Sie haben, was Sie gelernt haben oder welchen Beruf Sie ausüben. Erfinden Sie z.B. aus Ihren persönlichen Interessen und Fähigkeiten eine eigene Geschäftsidee. Gründerzentren bieten dafür manchmal Ideenworkshops an. Gehen Sie Ihren eigenen Weg und werden Sie aktiv! Nutzen Sie Ihre Kreativität und lassen Sie sich auf das Verbinden-Senden-Empfangen-Prinzip ein. Begegnen Sie Ihren Chancen und Möglichkeiten. Lassen

Sie es nicht so weit kommen, dass Sie von Stress und Freizeitmangel krank gemacht werden.

Es könnte auch sein, dass Sie zu viel arbeiten und sehr gut verdienen. Das ist natürlich die bessere Variante, aber bedeutet zu viel arbeiten nicht immer auch ein Zuwenig an Freizeit? Prüfen Sie, ob Sie das Arbeiten selbst als etwas Wunderbares empfinden oder ob Sie nicht weniger tun können und trotzdem Ihr Auskommen haben.

„Ich muss ja auch an später denken", werden Sie nun vielleicht sagen. Dann antworte ich Ihnen: „Denken Sie bitte auch an jetzt". Denn Sie können immer nur im Jetzt leben. Leben geschieht immer nur in dem Moment, in dem man sich gerade befindet. Auch, wenn Sie die Zukunft noch erleben, werden Sie dann, wenn Sie sie erreicht haben, in der Gegenwart sein. Wenn Sie aber nie üben, im Jetzt zu leben, werden Sie es niemals können. Erst recht nicht, wenn Sie Ihr ganzes Leben lang mit nichts anderem verbracht haben, als an die Zukunft zu denken. Die Angewohnheit, alles für später aufzusparen, haben Sie bis dahin so verinnerlicht, dass Sie sie noch mit ins Grab nehmen werden. Und selbst dann haben Sie bis zuletzt immer noch in der Hoffnung gelebt, dass nach dem Tod vielleicht ein besseres Leben auf Sie wartet, in dem Sie für all Ihr Entbehren entschädigt werden.

Arbeitslosigkeit als Chance

Heutzutage trifft die Aussage, dass, wer wirklich eine Arbeit will, auch eine findet, nicht mehr unbedingt zu. Zwar findet man in der Zeitung tatsächlich noch viele Jobangebote, doch aus eigener Erfahrung weiß ich, dass sich hinter einem großen Teil dieser Anzeigen ziemlich zweifelhafte

Stellen verbergen. Mit zweifelhaft meine ich z.B. unzureichende Entlohnung, unseriöse Tätigkeiten, undurchsichtige Verträge und vielerlei Anforderungen und Bedingungen, die zu Ungunsten des Arbeitnehmers gefordert werden. Vielleicht würden tatsächlich alle Menschen, die arbeiten wollen, auch eine Arbeit finden, wenn sie bereit wären, sich auf diese zweifelhaften Jobs einzulassen.

Obwohl mir klar ist, dass man unter gewissen Umständen schnell dazu bereit ist eine Arbeit anzunehmen, für die man im Grunde überqualifiziert ist oder die nicht unbedingt den Traumvorstellungen entspricht, sollte sich meiner Meinung nach niemand zumuten, unter unsozialen Bedingungen zu arbeiten. Auch nicht als Zwischenlösung.

Wenn Sie arbeitslos sind, empfehle ich Ihnen, dem Leben zu vertrauen und diese Zeit zur Regeneration, Neuausrichtung, Orientierung und Ideenfindung zu nutzen. Vertrödeln Sie Ihre Zeit nicht mit zu viel Fernsehen oder anderer passiver Freizeitgestaltung! Nutzen Sie das Zeitfenster um Ihrer Kreativität Raum zu geben. Versuchen Sie, wach zu sein für das Leben. Seien Sie erfinderisch, positiv, interessiert, spirituell, intuitiv, verbinden Sie sich mit der übergeordneten Macht und halten Sie Ausschau nach neuen Chancen und Möglichkeiten.

Fühlen Sie sich nicht minderwertig, nur weil Sie derzeit keinen Job haben. Im Gegenteil, machen Sie sich Ihren Vorteil bewusst. Diejenigen, die stark in einen Job eingebunden sind, haben es nicht so einfach, sich die Zeit zu reservieren, die für eine Neuausrichtung nötig wäre. Seien Sie also nicht passiv und unmotiviert, sondern aktiv und lebendig. Treiben Sie Sport, gehen Sie in die Natur und mischen Sie sich unter die Leute. Verkriechen Sie sich nicht. Leben Sie den aktuellen Tag, machen Sie sich frei von dem, was in der Zukunft liegt. Für heute haben Sie alles, was Sie brauchen. Für den nächsten Tag nehmen Sie sich morgen Zeit. Hören Sie auf, sich Sorgen um die Zukunft zu machen. Die Sorgen ziehen Sie nur immer tiefer in ein Loch hinein. Außerdem ist es Zeitverschwendung, sich Sorgen zu machen. Denn dabei lassen Sie nur Ihre Gedanken sinnlos und kräftezehrend kreisen. Zeit ist zu kostbar um sie zu verschwenden. Betrachten Sie sie als ein Geschenk.

Den Job zu verlieren, kann eine ziemlich harte Erfahrung sein, aber gewöhnen Sie sich daran, alles von der positiven Seite zu betrachten. Es ist nun einmal so wie es ist, da nützt einfach alles nichts. Finden Sie positive Erklärungen, warum Ihnen das passieren musste. Im Zusammenhang mit dem großen Ganzen kann man allem, was einem im Leben passiert, einen Sinn zuordnen. Sie können dabei lernen und weitergehen.

Familie, Freunde und Kollegen – soziales Umfeld

Ihr soziales Umfeld, bestehend aus Familie, Freunden, Bekannten, Kollegen und anderen Mitmenschen ist ein sehr wichtiger Bestandteil Ihres Lebens. Dieser Kreis von Menschen ermöglicht es Ihnen, sich auszuprobieren und zu spiegeln. Familie und Freunde geben Halt und bieten eine Art Rückzugsraum.

Das Verbinden-Senden-Empfangen-Prinzip wird durch Ihr soziales Umfeld sehr wesentlich beeinflusst. Je offener Sie Ihren Mitmenschen gegenüber eingestellt sind und je mehr Sie von diesen als aufgeschlossen und interessiert wahrgenommen werden, desto mehr Chancen und Möglichkeiten tun sich für Sie auf. Es ist jedoch ein großer Unterschied, ob man sich nur aus Berechnung so verhält oder ob dieses Verhalten einer Haltung entspricht, die grundsätzlich von liebevoller Hinwendung zum Nächsten geprägt ist.

Oft bringt eine neue Bekanntschaft, wie beispielsweise ein neuer Arbeitskollege etwas in Gang, das ohne ihn nicht möglich gewesen wäre. Manchmal reicht ein kurzes Gespräch mit einem fremden Menschen, mit dem man zwei Minuten im Supermarkt in der Schlange an der Kasse ansteht, um eine Anregung zu bekommen, die möglicherweise von größter Wichtigkeit ist. Seien Sie Ihren Mitmenschen gegenüber von Herzen offen und positiv eingestellt.

Es ist schön, von seinen Mitmenschen geschätzt zu werden. Genießen Sie es, wenn Sie von anderen gemocht werden. Jedoch verlieren Sie sich nicht bei dem, was Sie für andere tun, selbst aus den Augen! Es geht nicht darum, es immer allen recht zu machen, um bloß nicht in Ungnade zu fallen. Vergessen Sie bei aller Freundlichkeit und Bereitschaft für andere da zu sein nicht, dass Sie das Recht und die Pflicht haben, auf sich selbst Acht zu geben, um Ihren eigenen Weg gehen zu können. Sagen Sie also nicht immer „ja", wenn Sie lieber „nein" sagen möchten. Zeigen Sie sich Ihren Mitmenschen authentisch. Stehen Sie für sich ein und vertreten Sie Ihre Position. Sie werden mit Achtung und Respekt belohnt werden. Wenn Sie immer nur „ja" zu allem und jedem sagen, werden Sie schnell von Ihren Mitmenschen als schwach identifiziert und unter Umständen ausgenutzt. Stehen Sie zu sich, Ihren Bedürfnissen und Gefühlen. Wenn sich aus diesem Grund bestimmte Menschen von Ihnen distanzieren oder schlecht über Sie denken, machen Sie sich nichts daraus. Diese

Menschen sind nicht in der Lage jedem die eigene Position zuzugestehen und tun Ihnen nicht gut. Für das Verbinden-Senden-Empfangen-Prinzip stellen sie Störfaktoren dar.

Verstehen Sie das mit dem Nein-Sagen, aber auch nicht falsch. Es geht nicht darum, immer nur noch nein zu sagen, selbst dann nicht, wenn Sie eigentlich gerne nein sagen würden. Sicher gibt es Situationen, in denen Sie trotzdem lieber freundlich ja sagen können, als einen anderen mit seiner Bitte stehen zu lassen. Aber achten Sie auf Ihre Belastbarkeit, treffen Sie die Entscheidung selbst und übernehmen Sie die Verantwortung dafür.

Sexualität

So einzigartig die Menschen sind, so unterschiedlich sind auch deren sexuelle Wünsche und Neigungen. Warum es gerade in der menschlichen Sexualität so vielschichtige Unterschiede gibt, kann ein Sexualforscher oder Psychologe beantworten. Wahrscheinlich hat es sehr viel mit den persönlichen Erfahrungen des Einzelnen zu tun und wie er diese verarbeitet. Sicher spielen auch genetische Aspekte eine Rolle. Mir kommt es an dieser Stelle nur darauf an, wieder einmal diese Vielfalt deutlich zu machen und um Toleranz und Verständnis zu werben.

Machen Sie sich klar, dass Sie, aber auch genauso alle anderen eine eigene Sexualität haben. Was Ihnen gefällt, was Sie erotisch finden, was Sie dazu bringt Lust zu empfinden, kann für jemand anderen unerotisch oder abstoßend sein. Machen Sie sich klar, dass Sie jedem die eigenen sexuellen Gefühle zugestehen sollten. Selbstverständlich vorausgesetzt, dass durch die sexuellen Neigungen, kein anderer zu Schaden kommt.

Niemand kann etwas dafür, wie er sexuell empfindet. Es gibt unterschiedliche Möglichkeiten, Sexualität zu leben: Monogam, in einer festen Partnerschaft oder polygam, mit wechselnden Partnern. Zu zweit, zu dritt, heterosexuell, bisexuell, homosexuell, transsexuell oder wie auch immer. Jeder sollte seinen Bedürfnissen gemäß damit umgehen dürfen, um sich selbst leben zu können. Das muss nicht heißen, dass man alles gut finden muss, was andere machen, aber man sollte ihnen zugestehen, so zu leben, wie es ihnen entspricht.

Damit Sie sich selbst leben können, ist es wichtig, mit Ihrem Partner zu klären, inwiefern Sie zusammen das leben können, was Sie beide möchten. Jeder sollte dabei für sich entscheiden, wie er leben möchte und welche Werte dabei eine Rolle für ihn spielen. Wenn jeder mit seinem Partner klären würde, welche Bedürfnisse vorhanden sind und wie man sich eine Beziehung vorstellt, würden sich manche Enttäuschungen vermeiden lassen. Machen Sie sich klar, dass es nicht selbstverständlich ist, dass der Mensch, in den Sie sich verlieben, auch zwingend zu Ihnen passt. Versuchen Sie nicht, diesem Menschen Ihre eigenen Vorstellungen von Liebe, Sex und Partnerschaft überzustülpen. Dadurch würden Sie Liebe, Vertrauen und Aufrichtigkeit zerstören.

Es ist nicht falsch, untreu zu sein. Es sei denn, man hat mit dem Partner vereinbart, treu zu sein und hält sich nicht daran. Dann würde das Vertrauen missbraucht und das halte ich tatsächlich für nicht in Ordnung. Es ist nicht schlecht, monogam zu leben. Es sei denn, man lebt monogam und will es eigentlich nicht. Auch hier wird Vertrauen missbraucht. Es ist nicht unmoralisch, mehrere Menschen zu lieben. Es sei denn, es wissen nicht alle Beteiligten über diese Beziehungen Bescheid. Sobald eine Person dabei hintergangen wird, halte ich es für fragwürdig und unmoralisch. Es ist nicht schlimm, in ein Bordell zu gehen. Es sei denn, man betrügt damit z.B. eine Partnerin, der man Treue versprochen hat oder die beteiligten Prostituierten bieten ihre Dienste nicht aus freiem Willen heraus an. Es ist nicht verwerflich, auf sadomasochistische oder andere Sexualpraktiken zu stehen. Es sei denn, man erzwingt diese von anderen, die dazu keine Lust haben. Daher ist es wichtig, sich im Klaren zu sein, dass die eigenen Vorstellungen von Liebe, Sex und Partnerschaft, zunächst nur eigene Gedanken sind. Es sind eben nicht allgemein gültige Werte, von denen man erwarten kann, dass andere sie genauso verinnerlicht haben.

Solange man einsam ist und sich nichts sehnlicher wünscht als einen lieben Menschen, mit dem man sein Leben teilen kann, trägt man oft die romantische Idealvorstellung mit sich herum, dass alles viel schöner sei, wenn man endlich nicht mehr alleine wäre und jemanden hätte, mit dem man in Liebe, Ehrlichkeit und Treue gemeinsam alt werden könnte. Man kann sich aus dieser romantischen Betrachtungsweise heraus nicht vorstellen, z.B. jemals untreu zu sein, unehrlich oder unaufmerksam. Ist eine Beziehung dann aber einmal Realität, sieht es oft ganz anders aus. An die Schwierigkeiten, die in einer Beziehung auftreten können, hatte man zuvor nicht gedacht. Und auch, dass in Bezug auf Erotik und Lust noch Wünsche offen und Begehren unerfüllt bleiben könnten, war nicht Teil des romantischen Vorstellungsideals.

Da sich unsere Bedürfnisse und Wünsche von Natur aus ihren Weg bahnen und danach streben, verwirklicht zu werden, entwickeln sich Fantasien und Ideen, aus denen später die verschiedensten Probleme entstehen können, die zu Untreue, Selbstverleugnung und Verletzungen aller Art führen.

Lieben Sie sich zuerst einmal selbst und gestehen Sie sich Ihre Bedürfnisse und Wünsche zu! Teilen Sie diese dann mit dem oder den Menschen, die von Liebe, Sex und Partnerschaft die gleichen oder zumindest sehr ähnlichen Auffassungen haben, wie Sie selbst. Auch hier gilt wieder: Die größtmögliche Offenheit, Akzeptanz und Toleranz sich selbst und anderen gegenüber ermöglicht den optimalen Energiefluss im Verbinden-Senden-Empfangen-Prinzip.

Wenn wir das Leben auf später verschieben

Eine weit verbreitete Angewohnheit ist es, das Leben aufzuschieben. Viele denken immer nur an später. Als Kind freut man sich noch über jeden einzelnen Tag, weil er so viel Neues bringt. Es scheint, als würde das Leben jeden Tag neu beginnen. Kinder entdecken und erleben diese Zeit voller Begeisterung, Aufmerksamkeit und Neugierde. Die Gedanken sind im Hier und Jetzt. Was später einmal sein wird, spielt keine Rolle. Durch dieses bewusste Leben in der Gegenwart verstreicht die Zeit langsam und fühlt sich intensiv an. Später wird man eingespannt in Schule, Ausbildung, Familie und Beruf.

Zuerst denkt man, dass mit dem Schulabschluss das Leben anfängt. Dann verschiebt sich die Hoffnung auf das „richtige Leben“ auf die Zeit nach der Ausbildung bzw. dem Studium. Später ist es die Beziehung oder Heirat, die noch für das perfekte Glück fehlt. Dann glaubt man, dass man sich endlich mal wieder um sich kümmern kann, wenn die Kinder aus dem Haus sind oder das Haus abbezahlt ist.

Aber wenn die Rente kommt, dann könne man wirklich nur noch das tun, was man schon immer machen wollte. Am Ende kommt man zu der bitteren Erkenntnis, dass man es nie verstanden hat, zu leben. Das Gefühl, im Alter auf ein erfülltes Leben zurückzublicken, macht es uns möglich, irgendwann Abschied von dieser Welt zu nehmen, ohne verbittert oder enttäuscht zu sein.

Durch die permanente gedankliche Verankerung in der Vergangenheit oder Zukunft, verlernen Sie das Leben in der Gegenwart. Sie leben nicht im Hier und Jetzt. Dadurch und durch immer wiederkehrende, sich gleichende Tage, verlieren Sie das Gefühl für die Zeit und es kommt Ihnen vor, als würde jedes Jahr ein bisschen schneller vergehen. Wenn Sie wieder spüren möchten, dass die Zeit langsamer vergeht, dann steigen Sie um! Bringen Sie Abwechslung, Veränderung und Unsicherheit in Ihr Leben. Trauen Sie sich, in die Unsicherheit zu gehen. Brechen Sie aus dem Gefängnis Ihrer Sicherheitsbedürfnisse und Ihrer festgefahrenen Strukturen aus. Doch vor allem: Lassen Sie los und stürzen Sie sich in Ihr Leben in der Gegenwart. Stellen Sie sich vor, dass jeder Tag wie ein neues Leben ist. Sie können jeden Tag neu erleben und immer wieder etwas Neues anfangen. Lassen Sie Altes hinter sich und machen Sie Platz für Neues! Verabschieden Sie sich von früheren Problemen, Enttäuschungen oder anderen frustrierenden Dingen. Sie spielen für den neuen Tag nämlich keine Rolle mehr. Sie passierten in Ihrem alten Leben. Heute hat ein neues angefangen. Warum sollten Sie die alten Sorgen und belastenden Erlebnisse immer weiter mit sich herumtragen? Vergeben Sie den Menschen, die Ihnen Schaden zugefügt haben. Lassen Sie sie auf den neuen Tag keinen Einfluss nehmen. Vergeben Sie sich auch Ihre eigenen Fehler oder Dummheiten. Sie konnten und können nicht immer alles richtig machen. Sie sind bestimmt auch schon manchmal ungerecht zu jemandem gewesen. Vielleicht bereuen Sie es heute, aber es gab mit Sicherheit einen Grund für Ihr Verhalten, und sei es nur, dass Sie einfach die Nerven verloren hatten. Stellen Sie sich vor, dass Sie das in einem Ihrer alten Leben gemacht haben und dass Sie heute in Ihrem neuen Leben ein ganz anderer Mensch sind.

Wenn Menschen ihren eigenen Weg gehen, kommt es vor, dass Entscheidungen getroffen werden müssen, die andere verletzen. Das ist unumgänglich und auch Sie müssen in Kauf nehmen, dass Sie anderen Menschen wehtun, wenn Sie sich für Ihren eigenen Weg entscheiden. Nicht jeder wird damit einverstanden sein, wenn Sie sich für sich entscheiden. Dafür gibt es viele Gründe. Wenn Sie sich jedoch klar machen, dass jeder Mensch, genau wie Sie selbst, seine ureigenen Bedürfnisse, Interessen und Wünsche hat, kommen Sie nicht umhin zu begreifen, dass jeder Einzelne das Recht hat, seine eigenen Entscheidungen zu treffen und sich gemäß seiner Neigungen und Auffassungen zu verhalten. Das heißt nicht, dass Sie alles gut finden müssen, was andere machen oder denken. Es heißt nur, dass Sie verstehen oder zumindest akzeptieren, dass es immer Gründe gibt, warum die anderen so sind wie sie nun einmal sind. Plötzlich haben Sie Verständnis für das Verhalten der anderen. Sie können ihnen erlauben, sich ihren Leben zu widmen und fühlen sich nicht verletzt, wenn Sie dabei einmal zu kurz kommen oder sogar einen Nachteil erleiden. Gestehen Sie den anderen die eigene Sicht auf die Dinge zu. Lassen Sie sie ihre eigenen Entscheidungen treffen und auch eigene Fehler machen. Auch wenn Sie es ja nur gut meinen, entmündigen Sie nicht einen anderen, der nun einmal anders denkt und fühlt als Sie. Wenn Sie das können, haben Sie auch das Recht, von den anderen das Gleiche zu erwarten. So werden weder Sie sich verletzt fühlen, wenn andere Entscheidungen treffen, mit denen Sie nicht einverstanden sind, noch müssen andere Schmerz verspüren, wenn Sie etwas tun, das ihnen nicht passt. Menschen, die es lieber sehen, wenn Sie nicht Ihren eigenen Weg gehen, sondern das machen, was sie von Ihnen erwarten, sind Störfaktoren für das Verbinden-Senden-Empfangen-Prinzip. Sie bringen Sie von Ihrem Weg ab.

Verabschieden Sie sich von ihnen und leben Sie jetzt. Nicht gestern, nicht morgen, nicht erst nächste Woche, nächstes Jahr, oder wenn Sie in Rente gehen können. Fangen Sie gleich jetzt an, sich vorzustellen, dass Sie viele Leben haben. Nicht nur eins, sondern so viele, wie Ihnen noch Tage geschenkt sind. Und alle diese Leben sind unabhängig von den negativen Ereignissen der vorangegangenen und frei von Sorgen und Ängsten, die die Zukunft betreffen. Sie sind sogar frei von Dummheiten oder Ungerechtigkeiten, die Sie selbst zu verantworten hatten. Jeden Morgen können Sie aufstehen und zu sich sagen, dass nun gerade wieder ein neues kleines Leben begonnen hat, das Sie mit Sinn und Leben füllen möchten. Und dieses eine kleine Leben, das genau vierundzwanzig Stunden dauert, können Sie nicht aufheben, bis Sie in Rente gehen. Es will sofort gelebt werden. Verschenken Sie es nicht. Was morgen ist, ist unwichtig, denn morgen fängt wieder ein neues Leben an. Unbelastet von Erlebnissen aus der Vergangenheit und losgelöst von den Erwartungen und Befürchtungen in der Zukunft. Und das Schöne daran ist, dass Sie alles, was Sie an Freude und positiven Erfahrungen gemacht haben, einfach immer in den neuen Tag, also in Ihr neues Leben mitnehmen können.

Verbinden Sie sich mit Ihrer höheren Macht, lassen Sie sich von ihr und Ihrer inneren Stimme in den Tag begleiten. Seien Sie nicht nachtragend, denn auch anderen bietet sich an jedem Tag ein neues Leben und die Chance, sich selbst und anderen zu vergeben und noch mal neu anzufangen.

Scham und Schuld

Als kleines Kind haben wir noch die unverfälschte, ungebrochene, natürliche und überaus lebensdienliche Fähigkeit, unseren Gefühlen und Bedürfnissen Ausdruck zu verleihen. Als Baby lachen wir, wenn uns etwas behaglich ist und schreien, wenn einmal nicht alles in Ordnung scheint.

Anstelle uns dabei zu unterstützen, diese natürlichen Fähigkeiten zu würdigen, werden wir im Laufe unseres Lebens stattdessen oft kritisiert und dazu angehalten, uns selbst zu kontrollieren und Teile von uns zu verleugnen. Unser Fühlen, Denken und Handeln wird bewertet und man macht uns weis, vieles davon sei falsch. So lernen wir beispielsweise schon sehr früh, uns für so manches, was uns tief im Inneren ausmacht, zu schämen oder schuldig zu fühlen. Und weil wir es nicht besser wissen, bewerten wir andere nach genau den gleichen Kriterien. Wir lernen zu vergleichen und zu beurteilen, anstelle zu respektieren und anzuerkennen. Auf diese Weise fügen wir uns gegenseitig immer wieder Demütigungen sowie Scham- und Schuldgefühle zu.

Nach meiner Auffassung gibt es keinen natürlichen Maßstab, mit dem man messen könnte, was richtig oder falsch ist. Es gibt nur Tausende, ja Millionen unterschiedliche

Vorstellungen darüber, was richtig oder falsch sein soll. Und alle glauben, der eigene Maßstab mit dem man selbst die Welt bewertet, sei der einzig wahre und richtige. Auf diesem Irrtum basieren beinahe alle Streitigkeiten dieser Welt.

Schuldgefühle und übermäßige Schamgefühle sind keine natürlichen, lebensdienlichen Gefühle. Wir fühlen diese nicht, weil die Natur sie in uns angelegt hat, sondern weil die Gesellschaft, in der wir leben, uns diese von Kindesbeinen an antrainiert.

Wenn wir anerkennen, dass alle anderen – genauso, wie wir selbst – das Recht haben, so sein zu dürfen, wie sie nun einmal sind, hören wir auf, zu bewerten. Ja, wir hören auf, zu verurteilen und Vergleiche anzustellen. Wenn wir alles und jeden für gleichberechtigt und gleichwertig anerkennen, schaffen wir die Basis, mit allem und jedem achtsam und respektvoll umgehen zu können. Unser Verständnis für uns selbst und für die anderen weitet sich. Wir begreifen, nichts bzw. niemand ist höher oder niedriger zu schätzen, als wir selbst. Alles und jeder hat seine Bedeutung und Lebensberechtigung und niemand hat sich für das, was er fühlt und denkt zu schämen oder schuldig zu fühlen.

Kritik

Kritik kann grundsätzlich sehr positiv und hilfreich sein. Leider hat sie keinen guten Ruf. Und in der Tat wird Kritik oft dazu missbraucht, andere zu dominieren oder einfach nur bloß zu stellen. Oft steckt der Neid des Kritisierenden hinter solchen Angriffen. Es kann aber auch sein, dass es jemandem einfach zur Gewohnheit geworden ist, andere zu kritisieren bzw. ihnen zu widersprechen. Es geht dabei gar nicht mehr um die Sache selbst, sondern nur noch darum, es besser zu wissen. Dabei ist den meisten Menschen noch nicht einmal bewusst, dass Sie ihre Kritik aus diesen Gründen ausüben. Sie folgen einfach nur einem Muster, das sie verinnerlicht haben. Anderen Anerkennung zu geben, fällt vielen Menschen schwer. Auf ehrliche und gut gemeinte, also konstruktive Kritik stößt man viel seltener.

Freuen Sie sich einfach über jede Kritik! Über positive sowieso, denn diese bestätigt Sie. Aber auch über negative, denn daraus können Sie vielleicht etwas lernen. Selbst auch über die aus schlechter Gewohnheit oder Neid ausgesprochene Kritik sollten Sie sich freuen. Sie können innerlich sogar darüber schmunzeln, denn die Wahrheit, die hinter dieser Kritik steckt, wertet Sie im Grunde auf.

Sehen Sie es auch ruhig einmal so: Mit Steinen, Stangen, Waffen und vielen anderen Gegenständen kann man Ihnen tatsächlich Verletzungen zufügen, aber nicht mit Worten. Lassen Sie es nicht zu, dass Worte Sie verletzen. Es sind nie die Worte, die Ihnen wehtun, sondern immer nur die Gedanken, die Sie auf das Gesagte hin selbst auswählen und die Ihnen schmerzvolle Gefühle verursachen. Verletzen Sie sich also nicht selbst, indem Sie Worte ungeprüft als Wahrheit akzeptieren. Denken Sie über die Kritik nach. Kommen Sie zu Ihrem eigenen Entschluss und entscheiden Sie, ob Sie mit dem, was gesagt wurde, einverstanden sind oder nicht. Betrachten Sie immer auch den Grund, den der andere gehabt haben könnte, Sie zu kritisieren. Negative Kritik entsteht nun einmal sehr häufig aus Neid, schlechter Laune, Inkompetenz, Arroganz, Geltungsdrang und Imponiergehabe. Daher bleiben Sie am besten erst einmal ganz ruhig, wenn Sie kritisiert werden. Hören Sie hin und denken Sie darüber nach. Wenn Sie etwas Positives für sich daraus entnehmen können, seien Sie dankbar, dass Ihnen jemand ehrlich und aufrichtig die Meinung gesagt hat. Sollte es aber so sein, dass Sie mit der Kritik nichts anfangen können, freuen Sie sich darüber, dass Sie sich von ihr nicht haben beeindrucken lassen. Seien Sie also durchaus kritikfähig und blocken Sie nicht gleich ab, wenn Sie kritisiert werden. Zu widersprechen ist meist sowieso zwecklos, denn es provoziert den notorischen Kritiker nur noch mehr.

Wenn Sie mit Kritik nicht umgehen können, werden Sie selbst zum Störfaktor im Verbinden-Senden-Empfangen-Prinzip und lassen sich von Ihrem Weg abbringen. Dass Sie persönlich nur aus aufrichtigen Beweggründen an anderen Kritik üben, ist natürlich klar. Überprüfen Sie sich also ruhig auch einmal selbst, wenn Sie jemanden kritisieren. Vielleicht erwischen Sie sich auch einmal dabei, dass Sie Ihre Kritik nicht immer unbefangen anbringen. Sie sind schließlich auch nur ein Mensch. Machen Sie es beim nächsten Mal einfach besser.

Sorgen und Probleme

Viele Dinge hindern uns daran, unbeschwert und lebensfroh zu sein. Oft kommen wir einfach nicht in unsere Kraft! Einige dieser Hindernisse lassen sich nicht so ohne Weiteres auf die Schnelle abschaffen. Manches müssen wir sogar ein Leben lang so akzeptieren, wie es nun einmal ist. Wir können es gar nicht ändern. Das, was keine Chance hat, verändert werden zu können, sollten wir annehmen und „ja“ dazu sagen. Ein Auflehnen oder Beschweren darüber ist sinnlose Zeit- und Energieverschwendung. Je eher man sich mit der betreffenden Tatsache anfreundet, umso eher ist man in der Lage, sich anderen Dingen zuwenden zu können. Ab dem Moment, an dem man das Unabänderliche tatsächlich angenommen hat, verringert sich die Belastung, die es einem aufgebürdet hatte, um ein Vielfaches. Oft eröffnen sich sogar ganz neue Möglichkeiten.

Nicht selten verursachen bevorstehende Ereignisse in der Zukunft Sorgen und Probleme. Das Vorstellungsgespräch in zwei Wochen sorgt schon Tage bevor es soweit ist, für Unbehagen. Die Abschlussprüfung in drei Monaten lässt einen schon lange vorher nicht mehr schlafen. Das Gespräch mit dem Vorgesetzten in einer Woche, regt einen schon Tage zuvor auf. An dieser Stelle könnten noch viele weitere Beispiele aufgeführt werden.

Wenn es Ihnen gelingt, wie in dem vorangegangenen Kapitel „Wenn wir das Leben auf später verschieben“ jeden Tag getrennt von allen gewesenen und nachfolgenden Tagen anzusehen und Ihre Aufmerksamkeit zum größten Teil auf den jeweils aktuellen Tag zu richten, werden Ihnen Ereignisse, die in der Zukunft liegen, keine Energie mehr rauben. Sie werden nur noch dann aufgeregt sein, wenn der betreffende Tag gekommen ist. Es ist unglaublich, wie viel Zeit Sie dadurch gewinnen! Sie werden sich freier, vitaler und lebensfroher fühlen als je zuvor.

Belasten Sie sich nicht mit Problemen, die heute noch nicht anstehen! Kommen Sie nicht von Ihrem Weg ab, weil Sie Ihre Kraft, anstatt in den jeweils aktuellen Tag zu investieren, an die Zukunft oder die Vergangenheit vergeuden.

Sich Sorgen zu machen kann auch schnell zur Angewohnheit werden. Gewöhnen Sie sich stattdessen lieber an, das Leben in Tage einzuteilen und sorglos zu sein. Sich Sorgen zu machen bedeutet immer, dass Sie Ihre Gedanken nervtötend und kräftezehrend um ein Problem kreisen lassen. Es ist im Grunde ein passives und nutzloses Verhalten. Damit erreichen Sie nichts und tun weder sich noch jemand anderem etwas Gutes. Versuchen Sie stattdessen lieber aktiv zu sein und im Rahmen Ihrer Möglichkeiten eine Lösung zu finden. Tun Sie das, was Sie tun können, um möglichst unbeschadet aus der Angelegenheit heraus zu kommen. Was Sie nicht tun können, lassen Sie sein und akzeptieren es. Fast immer tritt das, vor dem Sie Angst haben oder worüber Sie sich Sorgen machen überhaupt nicht ein. Machen Sie sich klar, dass es überflüssig ist, sich Sorgen zu machen.

Wenn Probleme oder Ängste auftreten, fragen Sie sich, was passieren könnte, wenn tatsächlich alles schief gehen sollte. Stellen Sie sich vor, dass Sie das notfalls akzeptieren werden. Dann versuchen Sie Ihr Möglichstes, um es nicht so weit kommen zu lassen. Schonen Sie Ihre Nerven, indem Sie damit aufhören, sich weiterhin zu sorgen. Treffen Sie Ihre Entscheidungen und stehen Sie selbstbewusst und eigenverantwortlich dazu.

Das eigene Leben leben

Leben Sie Ihr eigenes Leben. Gestalten Sie es nach Ihren Vorstellungen. Füllen Sie es mit dem, was Ihnen entspricht. Folgen Sie Ihrem Herzen. Interessieren Sie sich für das, was Sie wollen und nicht für das, was andere von Ihnen erwarten. Lassen Sie das, was Sie nicht interessiert, links liegen. Sie müssen nicht immer „alles“ wissen oder verstehen. Beschäftigen Sie sich mit dem, was Sie persönlich interessiert. Lassen Sie sich nicht einreden, dass das, was Sie interessiert oder für Sie wichtig ist, weniger Wert ist, als das, was im Allgemeinen als wertvoll und richtig angesehen wird.

Verschwenden Sie nicht zu viel Ihrer Zeit in einem Job, der Ihnen keine Freude macht. Halten Sie sich nicht unnötig in unguten Beziehungen auf. Gleichgültig ob es um die Beziehung mit einem Partner, Verwandten, Freund oder Bekannten geht. Prüfen Sie, wer Ihnen gut tut und wer Sie auf Ihrem Weg begleiten soll. Auf Menschen, die Sie daran hindern wollen, Ihr Leben so zu leben, wie Sie es wünschen, dürfen Sie verzichten. Finden Sie ruhig Entschuldigungen für diese Menschen. Verurteilen Sie sie nicht. Verzeihen Sie Ihnen, aber befreien Sie sich.

Sind Sie mit etwas unzufrieden, befreien Sie sich davon, sobald Sie für das Problem eine Lösung gefunden haben, die Sie verantworten können. Vertreten Sie Ihre eigenen Bedürfnisse, Interessen, Wünsche und Ansichten gegenüber anderen. Um den eigenen Weg gehen zu können und damit Ihrem Leben einen Sinn zu geben, müssen Sie Sie selbst sein und Entscheidungen in Ihrem Leben selbständig treffen. Seien Sie so wie Sie sind, einzigartig und unverwechselbar.

Begeisterung / Leidenschaft / Gegenwart

Auf den zurückliegenden Seiten, tauchte immer wieder das Thema „Leben in der Gegenwart“ auf. Mich wirklich im Jetzt aufzuhalten, den Moment zu leben und nicht an Zukünftiges oder Vergangenes zu denken, gelang mir früher eher selten. Ich hatte ständig Dinge im Kopf, die mehr

Zukünftiges betrafen, als das Hier und Jetzt. Im Geiste immer einen Schritt weiter zu sein als im aktuellen Moment, bedeutet, dass man die augenblickliche Zeit nie bewusst erlebt. Sie verstreicht, ohne dass wir es bemerken. Nicht zuletzt aus diesem Grund, scheint die Zeit jedes Jahr ein bisschen schneller zu vergehen.

In meinem Leben gab es zum Glück ein paar Dinge, die mir besondere Freude bereiteten und bei denen ich mich ganz und gar in der Gegenwart fühlte. Eines dieser Lebenselixiere ist bis heute das Tanzen. Wenn ich tanzte, war ich vollkommen bei mir. Ich fühlte nur die Musik, und mein Körper reagierte wie von selbst darauf. Ich konnte um mich herum alles vergessen. Probleme spielten keine Rolle mehr und ich fühlte mich noch lange danach innerlich leicht und befreit. Bald aber holte mich der Alltag wieder ein, und ich hetzte wieder meinen Aufgaben hinterher. Immer schon daran denkend, was als nächstes zu tun war.

Oft war es so, dass ich kaum warten konnte, bis ein Wochenende näher rückte, an dem eine Tanzveranstaltung stattfand. Wenn ich mich öfter in der Gegenwart aufgehalten hätte, wäre der innere Drang tanzen zu gehen, sicher nicht so stark gewesen. Obwohl ich wirklich sagen muss, dass mir das Tanzen auch heute noch unglaublich viel Freude bereitet. Dabei fühle ich mich lebendig und frei. Ich experimentiere mit meinem Körper und der Musik, kann mich einlassen auf das, was in mir ist und von allem loslassen, was mich beschwert. Tanzen bringt mich in Kontakt mit mir selbst und anderen Menschen. Es ist Kommunikation und Zurückgezogenheit zugleich. Tanz ist für mich Fließen und Schweben, pures Lebendig-Sein sowie Leben im Hier und Jetzt.

Der Grund, weshalb ich Ihnen das erzähle, ist nicht, dass ich Sie zum Tanzen auffordern will, sondern, dass ich Sie dazu ermuntern möchte, für sich selbst etwas zu finden, bei dem Sie sich in der Gegenwart wiederfinden. Vielleicht haben Sie das Problem auch gar nicht. Es mag sein, dass Sie mental und bewusst bereits in der Gegenwart leben. Dann ist es natürlich umso besser. Falls Sie sich aber doch danach sehnen sollten, einmal von allem abzuschalten und in den Moment einzutauchen, um sich diesem voll und ganz hinzugeben, widmen Sie sich dem, was Sie mit Freude erfüllt und was Sie mit Begeisterung leidenschaftlich tun. So üben Sie das bewusste Erleben und werden das, was Sie vom bewussten Erleben abhält, intensiver wahrnehmen. Sie kommen irgendwann nicht mehr umhin, zu erkennen, was Sie verändern müssen.

Wenn Sie in der Gegenwart ankommen, kann Ihre spirituelle Energie fließen. Ihre Gedanken verbinden sich mit der universellen Kraft. Neue Chancen und Möglichkeiten können sich ergeben. Seien Sie offen, kreativ und aktiv, damit diese nicht ungenutzt an Ihnen vorbeiziehen.

EIN UNTERSTÜZENDES BEWUSSTSEIN ENTWICKELN – AUSARBEITUNG

Ihre persönlichen Aufzeichnungen

Nachdem Sie nun den ersten Abschnitt des 2. Teils gelesen und gedanklich reflektiert haben, können Sie nun mit dem praktischen Teil beginnen. Damit Sie das Bewusstseinstraining individuell zusammenstellen können, ist es wichtig, dass Sie die folgenden Seiten schriftlich ausarbeiten. Auch, wenn es auf den ersten Blick so scheint, als würde das einen erheblichen Arbeits- und Zeitaufwand erfordern, ist es in Wirklichkeit ganz einfach. Das Training selbst ist dann nur noch ein Kinderspiel. Außerdem tut es gut, denn es macht Mut, spendet Kraft und lässt Ihr Selbstvertrauen sowie Ihre Selbstwirksamkeit wachsen.

Als ich damals mit der Entwicklung von „Spirituell auf deine Weise“ beschäftigt war, kamen mir immer wieder Hindernisse in den Weg, die mein Vorhaben erschwerten oder sogar in Frage stellten. Ich freute mich dann jedes Mal auf mein Bewusstseinstraining, denn ich wusste, dass die Welt danach gleich wieder besser aussehen würde.

Alle Themenfelder, die Sie im zweiten Teil bereits kennengelernt haben, werden nun noch einmal auftauchen. Diesmal werden Sie dazu aufgefordert zu jedem Thema einige Fragen zu beantworten. Zusätzlich werden Sie immer wieder danach gefragt, wie zufrieden Sie mit Ihren Antworten bzw. Ergebnissen sind. Dabei können Sie sich ein klares Bild darüber verschaffen, welche Themen für Sie die größte Bedeutung haben. Damit Sie später Ihre persönlichen Aufzeichnungen sortieren können, empfehle ich Ihnen die Antworten direkt im Buch einzutragen. Sie können auch alles auf separaten Schreibblättern notieren, das ist meiner Ansicht nach jedoch viel umständlicher und zeitaufwändiger.

Ferner werden Sie in jedem Kapitel gebeten, einen kurzen Satz zu formulieren, mit dem Sie Ihr persönliches Ziel zu dem jeweiligen Bereich zum Ausdruck bringen. Formulieren Sie so, wie es Ihnen die Beispiele aufzeigen oder finden Sie Ihre eigenen Worte. Nehmen Sie sich dafür Zeit und Ruhe! Formulieren Sie realistische Ziele, deren Verwirklichung im Bereich des Möglichen liegen. Das, was Sie sich vorstellen können, können Sie auch erreichen!

Beginnen Sie mit der Bearbeitung nicht, wenn Sie die vorangegangenen Kapitel noch nicht gelesen haben, denn es ist wichtig, dass Sie sich zuvor mit den einzelnen Themenfeldern auseinandergesetzt haben. Themen, die für Sie keine Bedeutung haben oder die Sie nicht bearbeiten wollen oder können, lassen Sie einfach weg.

Nachdem Sie alle Fragen beantwortet haben, werden die Ziele in einem weiteren Schritt in eine Trainingsmappe übertragen (Legen Sie sich hierzu einen Ordner oder Schnellhefter an).

Wenn Sie mit Ihren Aufzeichnungen fertig sind, haben Sie den arbeitsintensiven Teil bereits geschafft. Das Verinnerlichen Ihrer Ziele, Wünsche und Vorstellungen kann nun bald beginnen.

Mit Hilfe des 3. Teils von „Spirituell auf deine Weise“, der Ihnen die Entdeckung der eigenen Spiritualität ermöglichen soll, und Ihren Aufzeichnungen aus Teil 2, schaffen Sie sich mit nur wenig Zeitaufwand ein auf Ihre Bedürfnisse, Vorstellungen und Überzeugungen fokussiertes Bewusstsein, mit dem es Ihnen vielleicht sogar schon nach sehr kurzer Zeit möglich sein wird, ersten Chancen und Möglichkeiten zu begegnen.

Eines möchte ich Ihnen vorab noch mitteilen: Selbstverständlich bin auch ich noch lange nicht so frei, so gelassen, so entspannt, so selbstbestimmt oder so erfahren wie ich das gerne sein möchte. Auch ich befinde mich noch immer auf dem Weg zu meinen Zielen. Diese Reise wird wohl noch mein Leben lang andauern. Und wissen Sie was? Das ergibt für mich Sinn und fühlt sich richtig gut an!

Definieren von Überzeugungen, Meinungen, Wünschen und Zielen
Schriftliche Ausarbeitung:

Der Glaube an eine höhere Macht

Auf einer Skala von 10 (absolut überzeugt) bis 1 (gar nicht überzeugt), wie überzeugt sind Sie von der Existenz einer höheren Macht (Gott, höhere Intelligenz oder was immer es für Sie ist)? Ergebnis: _____

Wenn Sie die vorangegangene Frage nicht mit der Ziffer 1 bewertet haben, dann glauben Sie! Sie sind in der Lage sich zu verbinden.

Bringen Sie in wenigen Worten Ihr persönliches Ziel zum Thema „Glauben" zu Papier. Beginnen Sie den Satz mit: Ich ...

Der Satz könnte ähnlich klingen, wie folgende Beispiele:

- Ich bin in Verbindung mit Gott und vertraue auf ihn!
- Ich verbinde mich mit der universellen Intelligenz und lasse mich begleiten!
- Ich glaube an eine allumfassende Kraft und fühle mich mit ihr verbunden!

Ihre eigene Formulierung: ______________________________

____

____

Grundlegende menschliche Bedürfnisse

Auf einer Skala von 10 (ganz und gar bewusst) bis 1 (absolut nicht bewusst), wie bewusst ist es Ihnen, dass alle Menschen nur deshalb handeln, weil sie gar nicht anders können, als das zu tun, was alle tun, nämlich gemäß ihrer Bedürfnisse nach Erfüllung zu streben? Ergebnis: _____

Auf einer Skala von 10 (sehr zufrieden) bis 1 (sehr unzufrieden), wie zufrieden sind Sie mit dem Ergebnis der vorangegangenen Frage? Ergebnis: _____

Bringen Sie in wenigen Worten Ihr persönliches Ziel zum Thema „Menschliche Bedürfnisse“ zu Papier.

Der Satz könnte ähnlich klingen, wie folgende Beispiele:

- Ich habe Verständnis für das, was andere tun, denn ich weiß, dass alle anderen, genauso wie ich, versuchen, nach bestem Wissen ihre Bedürfnisse zu erfüllen!
- Ich erkenne, dass andere nicht handeln, um mir zu schaden, auch wenn sie etwas tun, das nicht gut für mich ist, nein, sie gehen nur ihren Bedürfnissen nach!
- Ich verstehe, dass wir alle nicht anders können, als unsere Bedürfnisse zu erfüllen!

Ihre eigene Formulierung: ______________________________

____

Kreativität

Auf einer Skala von 10 (extrem kreativ) bis 1 (gar nicht kreativ), für wie kreativ halten Sie sich? Ergebnis: _____

Auf einer Skala von 10 (sehr zufrieden) bis 1 (sehr unzufrieden), wie zufrieden sind Sie mit dem Ergebnis der vorangegangen Frage? Ergebnis: _____

Bringen Sie in wenigen Worten Ihr persönliches Ziel zum Thema „Kreativität" zu Papier. Beginnen Sie den Satz mit: Ich ...

Der Satz könnte ähnlich klingen, wie folgende Beispiele:

- Ich öffne mich meiner Kreativität!
- Ich entdecke meine Kreativität!
- Ich bin kreativ!

Ihre eigene Formulierung: ______________________

____

____

Spiritualität und Intuition

Was bedeutet für Sie Spiritualität?

Antwort: ____

____

____

____

____

Auf einer Skala von 10 (sehr spirituell) bis 1 (gar nicht spirituell), für wie spirituell halten Sie sich? Ergebnis: _____

Auf einer Skala von 10 (sehr zufrieden) bis 1 (sehr unzufrieden), wie zufrieden sind Sie mit dem Ergebnis der vorangegangenen Frage? Ergebnis: _____

Was bedeutet für Sie Intuition?

Antwort: ____

____

____

____

____

Auf einer Skala von 10 (sehr intuitiv) bis 1 (gar nicht intuitiv), wie intuitiv verhalten Sie sich in Situationen, die Entscheidungen von Ihnen fordern? Ergebnis: _____

Auf einer Skala von 10 (sehr zufrieden) bis 1 (sehr unzufrieden), wie zufrieden sind Sie mit dem Ergebnis der vorangegangenen Frage? Ergebnis: _____

Bringen Sie in wenigen Worten Ihre persönlichen Ziele zu den Themen „Spiritualität und Intuition" zu Papier. Beginnen Sie die Sätze mit: Ich ...

Die Sätze könnten ähnlich klingen, wie folgende Beispiele:

- Ich öffne mich meiner Spiritualität!
- Ich gebe meiner spirituellen Seite Raum!
- Ich schenke meiner Intuition Vertrauen!
- Ich lebe intuitiv!

Ihre eigene Formulierung zur Spiritualität: ____________

____

____

Ihre eigene Formulierung zur Intuition: ____________

____

____

Gesunder Menschenverstand: Vernunft

Auf einer Skala von 10 (sehr vernünftig) bis 1 (gar nicht vernünftig), für wie vernünftig – also mit anderen Worten – für wie verstandesorientiert denkend und handelnd halten Sie sich? Ergebnis: _____

Auf einer Skala von 10 (sehr zufrieden) bis 1 (sehr unzufrieden), wie zufrieden sind Sie mit dem Ergebnis der vorangegangenen Frage? Ergebnis: _____

Sind Sie der Meinung, dass man entweder nur sehr vernünftig oder nur sehr spirituell sein kann, aber nicht beides zugleich? Bedenken Sie, dass Vernunft und Spiritualität miteinander Arbeiten sollten!

Antwort: ____

____

____

____

____

____

____

____

____

Bringen Sie in wenigen Worten Ihr persönliches Ziel zum Thema „Vernunft“ zu Papier. Beginnen Sie den Satz mit: Ich ...

Dieser Satz könnte ähnlich klingen, wie folgende Beispiele:

- Ich vertraue meinem gesunden Verstand!
- Ich denke und handele mit Vernunft!
- Ich setze meine Vernunft sinnvoll ein!

Ihre eigene Formulierung: ______________________

____

____

Täuschender Verstand: Scheinbare Vernunft

Haben Sie sich schon einmal in ähnlicher Form Gedanken über Vernunft gemacht, wie zum Thema „Scheinvernunft" beschrieben? Antwort: _____

Wenn ja, wie denken Sie darüber?

Antwort: ____

____

Auf einer Skala von 10 (gar nicht) bis 1 (sehr stark), wie stark glauben Sie, sind Ihre vernünftigen Entscheidungen von Scheinvernunft geprägt? Ergebnis: _____

Auf einer Skala von 10 (sehr zufrieden) bis 1 (sehr unzufrieden), wie zufrieden sind Sie mit dem Ergebnis der vorangegangenen Frage? Ergebnis: _____

Bringen Sie in wenigen Worten Ihr persönliches Ziel zum Thema „Scheinvernunft" zu Papier. Beginnen Sie: Ich ...

Der Satz könnte ähnlich klingen, wie folgende Beispiele:

- Ich lasse mich von Scheinvernunft nicht vom Leben abhalten!
- Ich verabschiede mich von meiner Scheinvernunft!
- Ich entlarve meine Scheinvernunft!

Ihre eigene Formulierung: ____

____

Unterbewusstsein

Auf einer Skala von 10 (sehr gut) bis 1 (gar nicht), wie gut können Sie sich vorstellen, dass man durch das Unterbewusstsein, auf seinem persönlichen Weg unterstützt werden kann? Ergebnis: _____

Auf einer Skala von 10 (sehr gut) bis 1 (gar nicht), wie gut gelingt es Ihnen in Ihr Unterbewusstsein einzutauchen? Ergebnis: _____

Auf einer Skala von 10 (sehr zufrieden) bis 1 (sehr unzufrieden), wie zufrieden sind Sie mit dem Ergebnis der vorangegangenen Frage? Ergebnis: _____

Bringen Sie in wenigen Worten Ihr persönliches Ziel zum Thema „Unterbewusstsein" zu Papier. Beginnen Sie den Satz mit: Ich ...

Der Satz könnte ähnlich klingen, wie folgende Beispiele:

- Ich vertraue darauf, dass mein Unterbewusstsein für mich arbeitet!
- Ich weiß, dass mein Unterbewusstsein mich führt!
- Ich entdecke mein Unterbewusstsein!

Ihre eigene Formulierung: ______________________________

____

____

Liebe

Welche Antworten auf die Frage, was ist Liebe? Würden Sie für richtig halten?

1. Liebe ist, wenn man in seinem Herzen das Gefühl verspürt, für einen anderen da sein zu wollen, auch wenn einem der andere dafür nichts zurückgeben kann! Antwort: _____

2. Liebe ist, wenn man mit einem anderen Menschen zusammenlebt und diesem auf immer und ewig treu ist, egal, was passiert! Antwort: _____

3. Liebe ist, wenn man einen anderen Menschen so nimmt, wie er ist, ohne Wenn und Aber. Einfach, weil man für diesen Menschen empfindet und ihm ein guter Freund sein möchte! Antwort: _____

4. Liebe ist, wenn man für immer zusammen bleibt, in guten und in schlechten Zeiten! Antwort: _____

5. Liebe ist, wenn man dem, den man liebt, niemals wehtun kann! Antwort: _____

Für wahr halte ich die 1. und 3. Aussage!

Bringen Sie in wenigen Worten Ihr persönliches Ziel zum Thema „Liebe“ zu Papier. Beginnen Sie den Satz mit: Ich ...

Der Satz könnte ähnlich klingen, wie folgende Beispiele:

- Ich liebe mich und andere!
- Ich lasse die Liebe in mein Leben!
- Ich verschenke meine Liebe an andere und an mich selbst!

Ihre eigene Formulierung: ______________________________

____

____

Freiheit

Auf einer Skala von 10 (sehr viel) bis 1 (gar keine), wie viel äußere Freiheit empfinden Sie? Ergebnis: _____

Auf einer Skala von 10 (sehr zufrieden) bis 1 (sehr unzufrieden), wie zufrieden sind Sie mit dem Ergebnis der vorangegangenen Frage? Ergebnis: _____

Auf einer Skala von 10 (sehr viel) bis 1 (gar keine), wie viel innere Freiheit empfinden Sie? Ergebnis: _____

Auf einer Skala von 10 (sehr zufrieden) bis 1 (sehr unzufrieden), wie zufrieden sind Sie mit dem Ergebnis der vorangegangenen Frage? Ergebnis: _____

Bringen Sie in wenigen Worten Ihr persönliches Ziel zum Thema „Freiheit" zu Papier. Beginnen Sie den Satz mit: Ich ...

Der Satz könnte ähnlich klingen, wie folgende Beispiele:

- Ich fühle mich frei!
- Ich nehme mir die Freiheit, mein eigenes Leben zu leben!
- Ich befreie mich!

Ihre eigene Formulierung: ____________________

____

____

Gelassenheit

Auf einer Skala von 10 (sehr viel) bis 1 (keine), wie viel rationale (überlegte) Gelassenheit empfinden Sie? Ergebnis: _____

Auf einer Skala von 10 (sehr zufrieden) bis 1 (sehr unzufrieden), wie zufrieden sind Sie mit dem Ergebnis der vorangegangenen Frage? Ergebnis: _____

Auf einer Skala von 10 (sehr viel) bis 1 (keine), wie viel innere (emotionale) Gelassenheit empfinden Sie? Ergebnis: _____

Auf einer Skala von 10 (sehr zufrieden) bis 1 (sehr unzufrieden), wie zufrieden sind Sie mit dem Ergebnis der vorangegangenen Frage? Ergebnis: _____

Bringen Sie in wenigen Worten Ihr persönliches Ziel zum Thema „Gelassenheit" zu Papier. Beginnen Sie den Satz mit: Ich ...

Der Satz könnte ähnlich klingen, wie folgende Beispiele:

- Ich schaue gelassen in die Zukunft!
- Ich lasse los!
- Ich bin gelassen!

Ihre eigene Formulierung: ______________________________

____

Eigenverantwortung

Wenn Sie eine Einschätzung abgeben müssten, ob Sie auch zu den Menschen gehören, die für Missgeschicke oder Fehler gerne die anderen verantwortlich machen, was würden Sie dann antworten?

Antwort: ______________________________

____

Bringen Sie in wenigen Worten Ihr persönliches Ziel zum Thema „Eigenverantwortung“ zu Papier. Beginnen Sie den Satz mit: Ich ...

Der Satz könnte ähnlich klingen, wie folgende Beispiele:

- Ich fühle mich für mein Leben selbst verantwortlich und kann mir meine Fehler eingestehen!
- Ich übernehme für meine Fehler und Missgeschicke selbst die Verantwortung!
- Ich bin für mein eigenes Glück selbst verantwortlich!

Ihre eigene Formulierung: ______________________________

____

____

Selbstbestimmung

Auf einer Skala von 10 (sehr selbstbestimmt) bis 1 (gar nicht selbstbestimmt), wie selbstbestimmt empfinden Sie ihr Leben? Ergebnis: _____

Auf einer Skala von 10 (sehr zufrieden) bis 1 (sehr unzufrieden), wie zufrieden sind Sie mit dem Ergebnis der vorangegangenen Frage? Ergebnis: _____

Bringen Sie in wenigen Worten Ihr persönliches Ziel zum Thema „Selbstbestimmung" zu Papier. Beginnen Sie den Satz mit: Ich ...

Der Satz könnte ähnlich klingen, wie folgende Beispiele:

- Ich gestalte mein Leben selbstbestimmt!
- Ich bin selbstbestimmt!
- Ich empfinde mich als selbstbestimmt!

Ihre eigene Formulierung: ______________________________

____

____

Selbstüberwindung

Auf einer Skala von 10 (ganz leicht) bis 1 (sehr schwer), wie leicht fällt es Ihnen, sich selbst zu überwinden, wenn es gilt, Dinge zu tun, die nötig sind, obwohl sie vielleicht unangenehm erscheinen oder Sie eigentlich keine Lust darauf haben? Ergebnis: _____

Auf einer Skala von 10 (sehr zufrieden) bis 1 (sehr unzufrieden), wie zufrieden sind Sie mit dem Ergebnis der vorangegangenen Frage? Ergebnis: _____

Bringen Sie in wenigen Worten Ihr persönliches Ziel zum Thema „Selbstüberwindung" zu Papier. Beginnen Sie den Satz mit: Ich ...

Der Satz könnte ähnlich klingen, wie folgende Beispiele:

- Ich tue das, was nötig ist, um meine Ziele zu erreichen, denn ich weiß, dass Selbstüberwindung der Schlüssel zum Erfolg ist!
- Ich habe kein Problem mich selbst zu überwinden, wenn ich etwas erreichen will!
- Ich erkenne Selbstüberwindung als eine positive Kraft an, die ich besitze und wertschätze!

Ihre eigene Formulierung: ______________________________

____

____

Wertesysteme

Könnten Sie sich vorstellen, sich einerseits über die Meinung eines anderen wirklich zu ärgern, ihm aber andererseits diese Meinung trotzdem zuzugestehen, ohne sich mit ihm zu streiten? Antwort: _____

Auf einer Skala von 10 (sehr tolerant) bis 1 (gar nicht tolerant), für wie tolerant halten Sie sich? Ergebnis: _____

Wenn Sie sich klar machen, dass Toleranz bedeutet, einem anderen zuzugestehen, dass er so sein darf, wie er möchte, auch, wenn Sie selbst ganz anders sind und Ihnen komplett das Verständnis für das Verhalten des anderen fehlt, kommen Sie dann immer noch zu der gleichen Antwort, die Sie auf die vorangegangene Frage gegeben haben? Antwort: _____

Bringen Sie in wenigen Worten Ihr persönliches Ziel zum Thema „Wertesysteme“ zu Papier. Beginnen Sie: Ich ...

Der Satz könnte ähnlich klingen, wie folgende Beispiele:

- Ich bin mir darüber im Klaren, dass mein Wertesystem nur für mich Gültigkeit hat!
- Ich gestehe jedem anderen zu, seine eigenen Wertvorstellungen zu haben!
- Ich bin damit einverstanden, dass jeder nach seinen eigenen Wertvorstellungen leben darf!

Ihre eigene Formulierung: ______________________________

____

Wahrheiten

Auf einer Skala von 10 (sehr oft) bis 1 (gar nicht), wie oft meinen Sie, gelingt es Ihnen, im Alltag zu Ihrer eigenen Wahrheit zu stehen? Ergebnis: _____

Auf einer Skala von 10 (sehr zufrieden) bis 1 (sehr unzufrieden), wie zufrieden sind Sie mit dem Ergebnis der vorangegangenen Frage? Ergebnis: _____

Bringen Sie in wenigen Worten Ihr persönliches Ziel zum Thema „Wahrheiten" zu Papier. Beginnen Sie den Satz mit: Ich ...

Der Satz könnte ähnlich klingen, wie folgende Beispiele:

- Ich stehe zu meiner eigenen Wahrheit und respektiere die Wahrheit der anderen!
- Ich bekenne mich zu meiner Wahrheit und akzeptiere, dass andere sich zu ihrer Wahrheit bekennen!
- Ich habe meine Wahrheit und wertschätze auch die Wahrheit der anderen!

Ihre eigene Formulierung: ____________________

____

____

Lügen

Auf einer Skala von 10 (sehr oft) bis 1 (gar nicht), wie oft meinen Sie, gelingt es Ihnen im Alltag, nicht zu lügen? Ergebnis: _____

Auf einer Skala von 10 (sehr zufrieden) bis 1 (sehr unzufrieden), wie zufrieden sind Sie mit dem Ergebnis der vorangegangenen Frage? Ergebnis: _____

Bringen Sie in wenigen Worten Ihr persönliches Ziel zum Thema „Lügen“ zu Papier. Beginnen Sie den Satz mit: Ich ...

Der Satz könnte ähnlich klingen, wie folgende Beispiele:

- Ich lüge nicht!
- Ich lüge nur ausnahmsweise aus Rücksichtnahme!
- Ich erlaube mir und anderen kleine Notlügen, die niemandem wehtun!

Ihre eigene Formulierung: ______________________

____

____

Gesundheit

Auf einer Skala von 10 (sehr wichtig) bis 1 (gar nicht wichtig), was glauben Sie, wie wichtig es ist, auf die Gesundheit zu achten? Ergebnis: _____

Auf einer Skala von 10 (sehr wichtig) bis 1 (gar nicht wichtig), wie wichtig ist es Ihnen persönlich, auf Ihre Gesundheit zu achten? Ergebnis: _____

Auf einer Skala von 10 (gar keine) bis 1 (sehr viele), wie viele Dinge tun Sie, die für Ihre Gesundheit nicht zuträglich sind? Ergebnis: _____

Auf einer Skala von 10 (sehr zufrieden) bis 1 (sehr unzufrieden), wie zufrieden sind Sie mit dem Ergebnis der letzten Frage? Ergebnis: _____

Bringen Sie in wenigen Worten Ihr persönliches Ziel zum Thema „Gesundheit" zu Papier. Beginnen Sie den Satz mit: Ich ...

Der Satz könnte ähnlich klingen, wie folgende Beispiele:

- Ich schenke meiner Gesundheit mehr Aufmerksamkeit!
- Ich weiß, was für meine Gesundheit gut ist!
- Ich achte auf meine Gesundheit!

Ihre eigene Formulierung: ______________________________

____

Gesunde Ernährung

Auf einer Skala von 10 (sehr konsequent) bis 1 (überhaupt nicht), wie konsequent achten Sie darauf, sich gesund zu ernähren? Ergebnis: _____

Auf einer Skala von 10 (sehr zufrieden) bis 1 (sehr unzufrieden), wie zufrieden sind Sie mit dem Ergebnis der vorangegangenen Frage? Ergebnis: _____

Bringen Sie in wenigen Worten Ihr persönliches Ziel zum Thema „Gesunde Ernährung" zu Papier. Beginnen Sie den Satz mit: Ich ...

Der Satz könnte ähnlich klingen, wie folgende Beispiele:

- Ich ernähre mich gesund!
- Ich esse das, was für mich gut ist!
- Ich achte bei meiner Ernährung auf gesunde Lebensmittel!

Ihre eigene Formulierung: ______________________________

____

____

Entspannung / Schlaf

Auf einer Skala von 10 (sehr ausgewogen) bis 1 (sehr unausgewogen), wie ausgewogen ist bei Ihnen das Verhältnis zwischen Anstrengung und Erholung? Ergebnis: _____

Auf einer Skala von 10 (sehr zufrieden) bis 1 (sehr unzufrieden), wie zufrieden sind Sie mit dem Ergebnis der vorangegangenen Frage? Ergebnis: _____

Bringen Sie in wenigen Worten Ihr persönliches Ziel zum Thema „Entspannung / Schlaf" zu Papier. Beginnen Sie den Satz mit: Ich ...

Der Satz könnte ähnlich klingen, wie folgende Beispiele:

- Ich entspanne und schlafe ausreichend!
- Ich schlafe genug und sorge für ausreichend Entspannung!
- Ich regeneriere mich durch Schlafen und Entspannen!

Ihre eigene Formulierung: ____________________

____

____

Atmen

Auf einer Skala von 10 (sehr wichtig) bis 1 (gar nicht wichtig), für wie wichtig halten Sie es, richtig zu atmen bzw. regelmäßig Atemübungen durchzuführen?
Ergebnis: _____

Auf einer Skala von 10 (sehr gesund) bis 1 (sehr ungesund), für wie gesund halten Sie Ihr eigenes Atmen?
Ergebnis: _____

Auf einer Skala von 10 (sehr zufrieden) bis 1 (sehr unzufrieden), wie zufrieden sind Sie mit dem Ergebnis der vorangegangenen Frage? Ergebnis: _____

Bringen Sie in wenigen Worten Ihr persönliches Ziel zum Thema „Richtiges Atmen" zu Papier. Beginnen Sie den Satz mit: Ich ...

Der Satz könnte ähnlich klingen, wie folgende Beispiele:

- Ich führe täglich Atemübungen durch!
- Ich nehme mehrmals täglich ein paar tiefe Atemzüge!
- Ich atme tief und ruhig!

Ihre eigene Formulierung: ________________________________

____

____

Bewegung / Ausdauer

Auf einer Skala von 10 (sehr wichtig) bis 1 (unwichtig), wie wichtig glauben Sie ist es, sich ausreichend gesund zu bewegen? Ergebnis: _____

Auf einer Skala von 10 (sehr konsequent) bis 1 (gar nicht), wie konsequent sorgen Sie dafür, dass Sie sich ausreichend gesund bewegen? Ergebnis: _____

Auf einer Skala von 10 (sehr zufrieden) bis 1 (sehr unzufrieden), wie zufrieden sind Sie mit dem Ergebnis der vorangegangenen Frage? Ergebnis: _____

Bringen Sie in wenigen Worten Ihr persönliches Ziel zum Thema „Bewegung / Ausdauer" zu Papier. Beginnen Sie den Satz mit: Ich ...

Der Satz könnte ähnlich klingen, wie folgende Beispiele:

- Ich sorge durch viel Bewegung für meine Gesundheit!
- Ich trainiere regelmäßig meine körperliche Fitness!
- Ich gehe raus an die frische Luft und bewege mich!

Ihre eigene Formulierung: ______________________________

____

____

Freizeit

Auf einer Skala von 10 (sehr viel) bis 1 (gar keine), wie viel freie Zeit haben Sie tatsächlich zu Ihrer ganz persönlichen Verfügung? Ergebnis: _____

Auf einer Skala von 10 (sehr zufrieden) bis 1 (sehr unzufrieden), wie zufrieden sind Sie mit dem Ergebnis der vorangegangenen Frage? Ergebnis: _____

Was sind Ihre Interessen bzw. mit was beschäftigen Sie sich oder mit was würden Sie sich gerne beschäftigen, einfach, weil es Sie interessiert oder Ihnen Freude macht?

Antwort: ____

____

____

____

____

Auf einer Skala von 10 (sehr oft) bis 1 (gar nicht), wie oft schätzen Sie, tun Sie all die Dinge, die Ihnen Freude bereiten und für die Sie sich interessieren? Ergebnis: _____

Auf einer Skala von 10 (sehr zufrieden) bis 1 (sehr unzufrieden), wie zufrieden sind Sie mit dem Ergebnis der vorangegangenen Frage? Ergebnis: _____

Bringen Sie in wenigen Worten Ihr persönliches Ziel zum Thema „Freizeit“ zu Papier. Beginnen Sie den Satz mit: Ich ...

Der Satz könnte ähnlich klingen, wie folgende Beispiele:

- Ich habe mehr Freizeit!
- Ich habe Freizeit, um Dinge tun zu können, für die ich mich interessiere!
- Ich habe genügend Freizeit!

Ihre eigene Formulierung: ______________________

____

____

Arbeit

Auf einer Skala von 10 (gar nicht) bis 1 (zu viel), wie viel arbeiten Sie? Ergebnis: _____

Auf einer Skala von 10 (sehr zufrieden) bis 1 (sehr unzufrieden), wie zufrieden sind Sie mit dem Ergebnis der letzten Frage? Ergebnis: _____

Abgesehen davon, ob Sie zu viel, zu wenig oder ausgewogen arbeiten: Auf einer Skala von 10 (sehr zufrieden) bis 1 (sehr unzufrieden), wie zufrieden sind Sie grundsätzlich mit Ihrer beruflichen Tätigkeit? Ergebnis: _____

Auf einer Skala von 10 (sehr zufrieden) bis 1 (sehr unzufrieden), wie zufrieden sind Sie mit dem Ergebnis der letzten Frage? Ergebnis: _____

Unabhängig davon, ob Sie gerade erwerbstätig sind oder nicht. Finden Sie fünf Gründe, warum es gut für Sie ist, eine Arbeit zu haben!

Grund 1: ________________________________

Grund 2: ________________________________

Grund 3: ________________________________

Grund 4: ________________________________

Grund 5: ________________________________

Bringen Sie in wenigen Worten Ihr persönliches Ziel zum Thema „Arbeit“ zu Papier. Beginnen Sie den Satz mit: Ich ...

Der Satz könnte ähnlich klingen, wie folgende Beispiele:

- Ich mache eine Arbeit, die mir Freude bereitet und die mir entspricht!
- Ich arbeite weniger!
- Ich fühle mich bei der Arbeit wohl!

Ihre eigene Formulierung: ______________________

____

____

Arbeitslosigkeit als Chance

Auf einer Skala von 10 (immer) bis 1 (nie), wie oft glauben Sie, hat das, was einem im Leben passiert eine tiefere Bedeutung bzw. dient es dem Weiterkommen auf dem eigenen Weg? Ergebnis: _____

Finden Sie drei Gründe – unabhängig davon, dass es viele Nachteile hat, arbeitslos zu sein – warum es gut für Sie ist oder sein könnte, eine gewisse Zeit lang keine Arbeit zu haben.

Grund 1: ______________________________________

Grund 2: ______________________________________

Grund 3: ______________________________________

Bringen Sie in wenigen Worten Ihr persönliches Ziel zum Thema „Arbeitslosigkeit" zu Papier. Beginnen Sie den Satz mit: Ich ...

Dieser Satz könnte ähnlich klingen, wie folgende Beispiele:

- Ich sehe Arbeitslosigkeit als Chance zur Veränderung!
- Ich lasse mich durch Arbeitslosigkeit nicht entmutigen!
- Ich nutze die Zeit der Arbeitslosigkeit aktiv um mich neu auszurichten!

Ihre eigene Formulierung: ______________________

____

Familie, Freunde und Kollegen – soziales Umfeld

Auf einer Skala von 10 (sehr offen) bis 1 (sehr verschlossen), wie sind Sie Ihrem sozialen Umfeld gegenüber in der Regel eingestellt? Ergebnis: _____

Auf einer Skala von 10 (sehr zufrieden) bis 1 (sehr unzufrieden), wie zufrieden sind Sie mit den Ergebnis der letzten Frage? Ergebnis: _____

Auf einer Skala von 10 (sehr oft) bis 1 (gar nicht), wie oft begegnen Sie Menschen, die sich Ihnen gegenüber öffnen? Ergebnis: _____

Auf einer Skala von 10 (sehr zufrieden) bis 1 (sehr unzufrieden), wie zufrieden sind Sie mit den Ergebnis der letzten Frage? Ergebnis: _____

Bringen Sie in wenigen Worten Ihr persönliches Ziel zum Thema „Soziales Umfeld" zu Papier. Beginnen Sie den Satz mit: Ich ...

Dieser Satz könnte ähnlich klingen, wie folgende Beispiele:

- Ich bin offen gegenüber meinen Mitmenschen!
- Ich öffne mich anderen und interessiere mich für sie!
- Ich habe wunderbare Freunde, Verwandte und Bekannte!

Ihre eigene Formulierung: ______________________

____

Sexualität

Auf einer Skala von 10 (sehr wichtig) bis 1 (unwichtig), wie wichtig glauben Sie ist es, die eigenen sexuellen Bedürfnisse leben zu können? Ergebnis: _____

Auf einer Skala von 10 (absolut richtig) bis 1 (total falsch), wie richtig glauben Sie ist es, jedem seine eigenen sexuellen Bedürfnisse zuzugestehen? Ergebnis: _____

Auf einer Skala von 10 (sehr stimmig) bis 1 (sehr unstimmig), wie stimmig ist Ihr Leben in Bezug auf Liebe, Sexualität und Partnerschaft? Ergebnis: _____

Auf einer Skala von 10 (sehr zufrieden) bis 1 (sehr unzufrieden), wie zufrieden sind Sie mit dem Ergebnis der letzten Frage? Ergebnis: _____

Bringen Sie in wenigen Worten Ihr persönliches Ziel zum Thema „Sexualität" zu Papier. Beginnen Sie den Satz mit: Ich ...

Der Satz könnte ähnlich klingen, wie folgende Beispiele:

- Ich bin sexuell ausgeglichen!
- Ich fühle mich sexuell!
- Ich lebe meine Sexualität!

Ihre eigene Formulierung: ______________________________

____

Wenn wir das Leben auf später verschieben

Haben Sie auch das Gefühl, dass die Zeit jedes Jahr schneller vergeht? Antwort: _____

Wenn ja, welche Erklärung haben Sie, um dieses Phänomen speziell in Ihrem Fall zu beschreiben?

Antwort: ____

____

Auf einer Skala von 10 (sehr intensiv) bis 1 (gar nicht), wie intensiv sind Sie mit Ihren Gedanken und Ihrem Erleben in der Gegenwart? Ergebnis: _____

Auf einer Skala von 10 (sehr zufrieden) bis 1 (sehr unzufrieden), wie zufrieden sind Sie mit dem Ergebnis der letzten Frage? Ergebnis: _____

Auf einer Skala von 10 (gar nicht) bis 1 (sehr stark), wie stark leben Sie in immer wiederkehrenden Alltagsabläufen? Ergebnis: _____

Auf einer Skala von 10 (sehr zufrieden) bis 1 (sehr unzufrieden), wie zufrieden sind Sie mit dem Ergebnis der letzten Frage? Ergebnis: _____

Auf einer Skala von 10 (gar nicht) bis 1 (sehr stark), wie stark empfinden Sie sich in Ihrer Lebendigkeit eingeschränkt, weil Ihr Sicherheitsbedürfnis Sie blockiert? Ergebnis: _____

Auf einer Skala von 10 (sehr zufrieden) bis 1 (sehr unzufrieden), wie zufrieden sind Sie mit dem Ergebnis der letzten Frage? Ergebnis: _____

Auf einer Skala von 10 (sehr spannend) bis 1 (gar nicht spannend), was glauben Sie, wie spannend könnte Ihr Leben sein, wenn Sie sich von Ihrem Sicherheitsdenken verabschieden würden? Ergebnis: _____

Auf einer Skala von 10 (ganz leicht) bis 1 (sehr schwer), wie schwer fällt es Ihnen, sich selbst zu vergeben? Ergebnis: _____

Auf einer Skala von 10 (sehr zufrieden) bis 1 (sehr unzufrieden), wie zufrieden sind Sie mit dem Ergebnis der letzten Frage? Ergebnis: _____

Auf einer Skala von 10 (ganz leicht) bis 1 (sehr schwer), wie schwer fällt es Ihnen, anderen zu vergeben? Ergebnis: _____

Auf einer Skala von 10 (sehr zufrieden) bis 1 (sehr unzufrieden), wie zufrieden sind Sie mit dem Ergebnis der letzten Frage? Ergebnis: _____

Auf einer Skala von 10 (sehr gut) bis 1 (sehr schlecht), was glauben Sie, wie es sich anfühlen würde, wenn Sie tatsächlich jeden Tag als ein neues Leben betrachten könnten? Ergebnis: _____

Auf einer Skala von 10 (sehr spannend) bis 1 (gar nicht spannend), wie spannend finden Sie das letzte Ergebnis? Antwort: _____

Bringen Sie in wenigen Worten Ihr persönliches Ziel zum Thema „Das Leben nicht aufschieben" zu Papier. Beginnen Sie den Satz mit: Ich ...

Der Satz könnte ähnlich klingen, wie folgende Beispiele:

- Ich erlebe jeden Tag als ein neues Leben und lebe ihn jetzt!
- Ich bin im Hier und Jetzt und erlebe jeden Tag als ein neues Leben!
- Ich begreife jeden Tag als ein Geschenk von 24 Stunden in dem immer wieder alles neu anfangen kann!

Ihre eigene Formulierung: ______________________

____

____

Scham

Auf einer Skala von 10 (gar nicht) bis 1 (sehr oft), wie oft fühlen Sie sich durch Scham daran gehindert, sich so zu verhalten, wie Sie eigentlich möchten? Ergebnis: _____

Auf einer Skala von 10 (sehr zufrieden) bis 1 (sehr unzufrieden), wie zufrieden sind Sie mit diesem Ergebnis? Ergebnis: _____

Bringen Sie in wenigen Worten Ihr persönliches Ziel zum Thema „Scham" zu Papier. Beginnen Sie den Satz mit: Ich ...

Der Satz könnte ähnlich klingen, wie folgende Beispiele:

- Ich schäme mich nicht meiner Bedürfnisse, Wünsche und Gefühle!
- Ich lasse mich nicht von meiner Scham blockieren!
- Ich empfinde keine übertriebene Scham!

Ihre eigene Formulierung: ______________________________

____

____

Schuld

Auf einer Skala von 10 (gar nicht) bis 1 (sehr oft), wie oft werden Sie von Schuldgefühlen davon abgehalten, Ihr Leben zu leben und Sie selbst zu sein? Ergebnis: _____

Auf einer Skala von 10 (sehr zufrieden) bis 1 (sehr unzufrieden), wie zufrieden sind Sie mit diesem Ergebnis? Ergebnis: _____

Bringen Sie in wenigen Worten Ihr persönliches Ziel zum Thema „Schuld“ zu Papier. Beginnen Sie den Satz mit: Ich ...

Der Satz könnte ähnlich klingen, wie folgende Beispiele:

- Ich lasse mir von anderen keine Schuldgefühle einreden!
- Ich fühle mich für das, was ich denke und tue nicht schuldig, denn ich darf so sein, wie ich bin!
- Ich bin nicht bereit, mir Schuld einreden zu lassen, nur weil andere vielleicht andere Vorstellungen vom Leben haben, als ich selbst!

Ihre eigene Formulierung: ______________________________

____

____

Kritik

Auf einer Skala von 10 (gar nicht) bis 1 (sehr oft), wie oft reagieren Sie auf Kritik verärgert? Ergebnis: _____

Auf einer Skala von 10 (sehr zufrieden) bis 1 (sehr unzufrieden), wie zufrieden sind Sie mit dem Ergebnis der letzten Frage? Ergebnis: _____

Auf einer Skala von 10 (gar nicht) bis 1 (sehr oft), wie oft kritisieren Sie andere, nur um diese zu ärgern oder ihnen das Gefühl zu geben, dass Sie es besser wissen?
Ergebnis: _____

Auf einer Skala von 10 (sehr zufrieden) bis 1 (sehr unzufrieden), wie zufrieden sind Sie mit dem Ergebnis der letzten Frage? Ergebnis: _____

Auf einer Skala von 10 (gar nicht) bis 1 (sehr stark), wie stark lassen Sie sich von Worten verletzen?
Ergebnis: _____

Auf einer Skala von 10 (sehr zufrieden) bis 1 (sehr unzufrieden), wie zufrieden sind Sie mit dem Ergebnis der letzten Frage? Ergebnis: _____

Bringen Sie in wenigen Worten Ihr persönliches Ziel zum Thema „Kritik“ zu Papier. Beginnen Sie den Satz mit:
Ich ...

Der Satz könnte ähnlich klingen, wie folgende Beispiele:

- Ich lasse mich nicht von Worten verletzen!
- Ich ärgere mich nicht über Kritik, weil mich Worte nicht verletzen können!
- Ich reagiere auf Kritik nicht gereizt und fühle mich dadurch auch nicht verletzt!

Ihre eigene Formulierung: ____________________

____

____

Sorgen und Probleme

Auf einer Skala von 10 (sehr unbeschwert) bis 1 (gar nicht unbeschwert), wie unbeschwert wäre Ihr Leben, wenn Sie Ihre Sorgen für ein in der Zukunft liegendes Problem nicht schon lange Zeit vorher mit sich herum tragen würden? Ergebnis: _____

Auf einer Skala von 10 (immer) bis 1 (gar nicht), wie oft haben Sie in der Regel das Gefühl, in Ihrer Kraft zu stehen? Ergebnis: _____

Auf einer Skala von 10 (sehr zufrieden) bis 1 (sehr unzufrieden), wie zufrieden sind Sie mit dem Ergebnis der vorangegangenen Frage? Ergebnis: _____

Auf einer Skala von 10 (gar keine) bis 1 (sehr viele), wie viele Dinge in Ihrem Leben gibt es, die Ihnen nicht gefallen, die aber wirklich nicht zu ändern sind?
Ergebnis: _____

Auf einer Skala von 10 (sehr zufrieden) bis 1 (sehr unzufrieden), wie zufrieden sind Sie mit dem Ergebnis der vorangegangenen Frage? Ergebnis: _____

Auf einer Skala von 10 (gar keine) bis 1 (sehr viele), wie viele der Dinge, die wirklich nicht verändert werden können, können Sie nicht akzeptieren? Ergebnis: _____

Auf einer Skala von 10 (sehr zufrieden) bis 1 (sehr unzufrieden), wie zufrieden sind Sie mit dem Ergebnis der vorangegangenen Frage? Ergebnis: _____

Bringen Sie in wenigen Worten Ihr persönliches Ziel zum Thema „Sorgen und Probleme" zu Papier. Beginnen Sie den Satz mit: Ich ...

Dieser Satz könnte ähnlich klingen, wie folgende Beispiele:

- Ich grübele nicht über Sorgen und Probleme nach, sondern tue das was nötig ist, um aus der jeweiligen Situation bestmöglich herauszukommen!
- Ich sorge mich nicht nutz- und sinnlos, sondern tue mein Möglichstes um Lösungen für anstehende Probleme zu finden!
- Ich vertraue in das Leben und kann meine Probleme lösen!

Ihre eigene Formulierung: ______________________

____

____

Das eigene Leben leben

Auf einer Skala von 10 (sehr zufrieden) bis 1 (sehr unzufrieden), wie zufrieden sind Sie mit Ihrer beruflichen Situation? Ergebnis: _____

Auf einer Skala von 10 (sehr zufrieden) bis 1 (sehr unzufrieden), wie zufrieden sind Sie in Ihren zwischenmenschlichen Beziehungen? Ergebnis: _____

Auf einer Skala von 10 (sehr stark) bis 1 (gar nicht), wie stark ist Ihnen bewusst, dass Sie einmalig und unverwechselbar sind? Ergebnis: _____

Auf einer Skala von 10 (sehr stark) bis 1 (gar nicht), wie stark glauben Sie daran, dass es einen bestimmten Grund für Ihre Einzigartigkeit geben muss? Ergebnis: _____

Auf einer Skala von 10 (sehr wichtig) bis 1 (sehr unwichtig), was glauben Sie, wie wichtig es ist, zu Ihrer Einzigartigkeit zu stehen und mit ihr den eigenen Weg im Sinne des großen Ganzen zu gehen und zu erfüllen?
Ergebnis: _____

Bringen Sie in wenigen Worten Ihr persönliches Ziel zum Thema „Das eigene Leben leben“ zu Papier. Beginnen Sie den Satz mit: Ich ...

Der Satz könnte ähnlich klingen, wie folgende Beispiele:

- Ich bin einzigartig und das aus gutem Grund!
- Ich weiß wer ich bin, was ich will, was ich fühle, was ich denke und lebe mich selbst!
- Ich bin etwas ganz Besonderes und das ist gut so!

Ihre eigene Formulierung: ______________________________

____

____

Weitere persönliche Ziele

Bringen Sie in wenigen Worten noch weitere Ziele zu Papier, die Ihnen persönlich wichtig sind. Beginnen Sie die Sätze mit: Ich ...

Die Sätze könnten ähnlich klingen, wie folgende Beispiele:

- Ich vertraue auf die allumfassende Kraft!
- Ich löse Synchronizität aus!
- Ich habe die/den passende/n Partnerin/Partner!
- Ich habe ein schönes Zuhause!
- Ich wachse innerlich!
- Ich lebe gemäß meinen Interessen!
- Ich entfalte meine Talente!
- Ich erfülle mir meine Wünsche!
- Ich habe erfolgreiche Ideen!
- Ich habe inspirierende Freundschaften!
- Ich bin selbständig!
- Ich bin finanziell Unabhängig!
- Ich nehme meine innere Stimme wahr!
- Ich verabschiede mein extremes Sicherheitsbedürfnis!
- Ich begegne anderen wertschätzend und vorurteilsfrei!
- Ich rauche nicht mehr!
- Ich verabschiede mich von meinen Ängsten!
- Ich denke positiv!
- Ich nörgele nicht an anderen herum!
- Ich lebe mit anderen auf einem Bauernhof!
- Ich nehme keine Drogen!
- Ich habe den Führerschein!
- Ich bin für andere da!

- Ich lerne Singen!
- Ich lerne Tanzen!
- Ich werde schlank!
- Ich lerne ein Instrument!
- Ich male!
- Ich fotografiere!
- Ich schreibe Gedichte!
- Ich gründe einen Verein!
- Ich tue etwas Verrücktes!
- Ich ziehe um!
- Ich miste meinen Hausrat aus!
- Ich begegne interessanten Menschen!
- Ich habe Glück!
- Ich freue mich zu leben!
- Ich denke mehr an mich!

Und was Ihnen sonst noch wichtig ist!
Ihre eigenen Formulierungen – weitere Ziele:

Interessen, Talente und Wünsche

Beantworten Sie bitte folgende Fragen:

Auf einer Skala von 10 (sehr gut) bis 1 (gar nicht), wie sehr sind Sie in der Lage, Ihre Aufmerksamkeit auf Ihre Interessen und Talente zu richten? Ergebnis: _____

Auf einer Skala von 10 (sehr zufrieden) bis 1 (sehr unzufrieden) wie zufrieden sind Sie mit dem Ergebnis der vorangegangen Frage? Ergebnis: _____

Formulieren Sie Ihre hauptsächlichen Interessen und Talente in kurzen Sätzen. Was interessiert Sie und was sind Ihre persönlichen Stärken und Fähigkeiten? Nehmen Sie in Ihre Formulierungen nicht das Maß mit auf, wie sehr Sie sich für etwas interessieren oder wie gut Sie etwas können. Schreiben Sie also nicht: „Ich interessiere mich sehr für Politik“, sondern schreiben Sie: „Ich interessiere mich für Politik“. Oder schreiben Sie nicht: „Ich kann besonders gut zeichnen“, sondern: „Ich kann zeichnen“. Beginnen Sie jeden Satz mit: Ich ...

Die Sätze zu Ihren Interessen könnten ähnlich klingen, wie folgende Beispiele:

- Ich interessiere mich für Geschichte!
- Ich interessiere mich für Menschen!
- Ich interessiere mich für Kunst!
- Ich interessiere mich für andere Länder!

Und für was Sie sich sonst noch interessieren könnten!

Ihre eigenen Formulierungen – Interessen:

Die Sätze zu Ihren Talenten und Stärken könnten ähnlich klingen, wie folgende Beispiele:

- Ich kann malen!
- Ich kann organisieren!
- Ich kann formulieren!
- Ich kann kochen!
- Ich kann häkeln!
- Ich habe eine soziale Kompetenz!
- Ich habe Disziplin!
- Ich habe Umgangsformen!
- Ich habe Mut!
- Ich bin gutmütig!
- Ich bin sorgfältig!
- Ich bin intelligent!
- Ich bin liebevoll!
- Ich bin zuverlässig!

Und welche Fähigkeiten und Stärken Sie sonst noch besitzen!

**Ihre eigenen Formulierungen –
Talente, Fähigkeiten und Stärken:**

Vorbereitung spirituelles Bewusstseinstraining

Die Auswahl Ihrer persönlichen Ziele

Wenn Sie Ihre Ziele aufgeschrieben haben, schauen Sie sich die einzelnen Formulierungen bitte noch einmal in Ruhe an. Prüfen Sie, ob Sie die für Sie richtigen Worte gefunden haben und ob es wirklich Ziele sind, die Ihnen persönlich wichtig sind. Schauen Sie sich ruhig noch einmal die Bewertungen, die Sie als Antwort auf die Zufriedenheitsfragen gegeben haben, an. Solche, die von Ihnen mit einer niedrigen Ziffer bewertet wurden, sollten mit besonderer Aufmerksamkeit behandelt werden.

Schenken Sie auch ganz speziell den Zielen Beachtung, die besonders kraftspendend sind. Wie z.B.: „Ich glaube an eine allumfassenden Kraft und fühle mich mit ihr verbunden", „Ich öffne mich meiner Spiritualität" oder „Ich liebe mich und andere". Diese nähren Ihr Selbstvertrauen und helfen Ihnen, auf dem eigenen Weg zu bleiben.

Falls Sie ein Ziel vergessen haben, macht das nichts. Sie können jederzeit Ziele nachtragen. Das Gleiche gilt auch für Ihre aufgezeichneten Interessen und Talente. Nehmen Sie nun Schreibpapier aus Ihrem Ordner oder Schnellhefter zur Hand und tragen Sie Ihre Aufzeichnungen wie folgt ein:

Ihre zehn Basisziele

Schreiben Sie auf eines Ihrer Papiere die Überschrift: ***„Meine 10 Basisziele"***. Wählen Sie aus den von Ihnen formulierten Zielen die zehn aus, die Ihnen am wichtigsten sind und tragen Sie diese auf dem Arbeitsblatt ein. Entscheiden Sie sich wirklich nur für zehn Ziele. Es wird

Ihnen wahrscheinlich nicht leicht fallen, das eine oder andere Ziel nicht mit aufnehmen zu können. Machen Sie sich darüber aber keine Gedanken. Die anderen Ziele gehen dadurch nicht verloren, Sie werden sie an anderer Stelle aufführen.

Zehn weitere Ziele

Schreiben Sie auf ein anderes Papier die Überschrift: ***„10 weitere Ziele"***. Wählen Sie weitere zehn Ziele aus und tragen Sie diese auf dem Arbeitsblatt ein. Berücksichtigen Sie nun nicht mehr, welche Ziele Ihnen besonders wichtig sind, sondern mischen Sie sie einfach bunt durcheinander. Versuchen Sie nicht, ein System in die Ordnung zu bringen. Je ungeordneter Sie sie auflisten, desto besser. Wenn Sie Ihre zehn weiteren Ziele eingetragen haben, suchen Sie sich die nächsten zehn. Diese übertragen Sie dann auf ein neues Blatt mit der Überschrift ***„10 weitere Ziele"***. Das machen Sie so lange, bis Sie jedes Ziel übertragen haben. Können Sie auf Ihrem letzten Arbeitsblatt keine zehn Ziele mehr eintragen, weil vielleicht nur noch vier oder fünf übrig sind, ist das halt so. Sie sind mit dem Notieren Ihrer Ziele fertig. Fällt Ihnen irgendwann ein neues Ziel ein, nehmen Sie es einfach noch mit auf Ihre Liste.

Ihre Interessen

Schreiben Sie auf eines Ihrer Papiere die Überschrift: ***„Meine wichtigsten Interessen"***. Wählen Sie nun aus Ihren Interessen bis zu zwanzig Interessen aus, die Ihnen am wichtigsten sind und tragen Sie diese auf dem Arbeitsblatt ein. Wenn Sie keine zwanzig aufschreiben wollen oder können, notieren Sie einfach weniger. Es ist allerdings sehr wahrscheinlich, dass Sie mehr als zwanzig Interessen gefunden haben. Vernachlässigen Sie jene, die nicht zu den zwanzig wichtigsten gehören. Sie können diese eventuell zu einem späteren Zeitpunkt in Ihre Trainingsmappe aufnehmen. Vorerst sollten zwanzig genügen.

Ihre Talente

Schreiben Sie auf ein anderes Papier die Überschrift: ***„Meine größten Talente und Stärken“***. Wählen Sie nun aus Ihren persönlichen Talenten bis zu zwanzig Talente bzw. Fähigkeiten oder Stärken aus, die Ihnen am wichtigsten erscheinen und tragen Sie diese auf dem Arbeitsblatt ein. Wenn Sie keine zwanzig aufschreiben wollen oder können, notieren Sie einfach weniger. Es ist allerdings sehr wahrscheinlich, dass Sie mehr als zwanzig Talente gefunden haben. Vernachlässigen Sie jene, die nicht zu den zwanzig wichtigsten gehören. Sie können diese eventuell zu einem späteren Zeitpunkt in Ihre Trainingsmappe aufnehmen. Das ist jedoch vorerst nicht relevant. Vorerst sollten zwanzig genügen.

Abheften der Arbeitsblätter

Heften Sie Ihre Arbeitsblätter nun einfach in Ihre Trainingsmappe ein. Trennen Sie sie am besten mit Trennblättern voneinander in die Bereiche „Meine Basis-Ziele“, „Meine weiteren Ziele“, „Meine wichtigsten Interessen“ und „Meine größten Talente und Stärken“.

Verinnerlichung Ihrer Ziele, Interessen und Talente

Nun haben Sie sich ausgiebig Gedanken über Ihre Ansichten, Einstellungen, Bedürfnisse, Wünsche, Talente und Interessen gemacht. Sie haben diese in kurzen Sätzen formuliert und in Ihrer Trainingsmappe zusammengefasst. Das Verinnerlichen Ihrer Ziele, Interessen und Fähigkeiten kann also beginnen.

Indem Sie sich über Ihre Interessen und Fähigkeiten im Klaren sind und sich der Vorstellung öffnen, Ihre Ziele im Leben erreichen zu können, werden Sie Ihre Aufmerksamkeit bewusst und unbewusst auf das richten, was zur Verwirklichung dieser Ziele notwendig ist. Diese Fokussierung allein begünstigt bereits, dass Sie Ihren eigenen Weg aufmerksamer gehen sowie Ihren Chancen und Möglichkeiten begegnen können.

Wenn Sie dann noch mit dem 3. Teil von „Spirituell auf deine Weise" beginnen, sich Ihrer spirituellen Seite zu öffnen, kann sich die Überzeugung, im Leben alles erreichen zu können, was für Sie vorstellbar ist, in Ihnen ausbreiten. Sie erkennen und erspüren die Chancen und Möglichkeiten, die speziell für Ihren eigenen Lebensweg von Bedeutung sind.

Im Folgenden finden Sie eine Anleitung, wie Sie die Aufzeichnungen verinnerlichen können. Diese soll Ihnen jedoch nur als Anregung dienen. Sie können es so machen, wie ich es empfehle, Sie können aber genauso gut Ihre eigene Vorgehensweise davon ableiten und sie für sich selbst passend portionieren. Vielleicht möchten Sie sich nicht täglich Zeit dafür nehmen, sondern nur jeden dritten Tag oder einmal in der Woche. Oder eventuell möchten Sie mehr als zwanzig Interessen und Talente in Ihre Trainingsmappe aufnehmen. Fühlen Sie in sich hinein, was für Sie der richtige zeitliche Turnus und die geeignetste Vorgehensweise ist. Entscheiden Sie selbst darüber und übernehmen Sie für Ihr Engagement die Verantwortung.

Letztlich geht es darum, die Ziele und Vorstellungen so zu verinnerlichen, dass Sie permanent in Ihrem Bewusstsein und Unterbewusstsein mitschwingen. So, wie Sie z.B. Auto fahren, ohne dabei ständig über das Fahren selbst nachzudenken. Sie lenken, schalten, bremsen, blinken, schätzen Gefahren ein, beachten Verkehrsschilder, kontrollieren die Geschwindigkeit, geben Gas, beachten andere Verkehrsteilnehmer, wechseln die Spur, und vieles mehr. Kommt es Ihnen nach der Fahrt nicht auch manchmal so vor, als könnten Sie sich gar nicht mehr daran erinnern, wie Sie an Ihr Ziel gelangt sind? Sie sind sozusagen fast wie von selbst dahin gefahren, wo Sie hin wollten. Das liegt daran, dass Sie alles, was zum Fahren wichtig ist, bereits durch ständiges Wiederholen verinnerlicht haben. Es ist zu einem Teil von Ihnen geworden. Verinnerlichen Sie ebenso Ihre Ziele und Vorstellungen durch regelmäßiges bewusstes Betrachten Ihrer Aufzeichnungen. So kommen Sie bald gar nicht mehr umhin, dass Sie jene Dinge im Leben ansteuern, die für Sie ganz persönlich von Bedeutung sind und die Sie weiterbringen.

Empfehlung zum Trainingsablauf

- Sie benötigen täglich Ihre Arbeitsblätter:
  - Das „10-Basisziele-Arbeitsblatt“
  - Alle „10 weitere-Ziele-Arbeitsblätter“
  - Alle „Interessen- und Talentelisten“
- Nehmen Sie Ihre Trainingsmappe täglich einmal zur Hand, z.B. jeden Morgen vor oder kurz nach dem Aufstehen!
- Entspannen Sie sich und atmen Sie drei Mal tief und ruhig ein und aus!

- Lesen Sie sich das „10-Basisziele-Arbeitsblatt" laut oder in Gedanken vor. Lesen Sie langsam und betrachten Sie jeden Satz mit voller Aufmerksamkeit. Lassen Sie jeden Satz in Ihrem Bewusstsein ankommen!
- Nehmen Sie sich nun ein „10-weitere-Ziele-Arbeitsblatt" nach dem anderen vor. Lesen Sie in Ruhe und betrachten Sie jeden Satz mit voller Aufmerksamkeit. Lassen Sie wieder jeden Satz in Ihrem Bewusstsein ankommen!
- Nehmen Sie sich nun eine Interessen- oder Talenteliste nach der anderen vor. Lesen Sie in Ruhe und betrachten Sie jeden Satz mit voller Aufmerksamkeit! Lassen Sie wieder jeden Satz in Ihrem Bewusstsein ankommen!
- Atmen Sie drei Mal tief und ruhig ein und aus.
- Sagen Sie in Gedanken zu sich: „Ich bin, wer ich bin und das ist gut so".

Nach ca. drei bis fünf Minuten sind Sie bereits mit Ihrer Übung fertig. Am nächsten Tag gehen Sie genauso vor. Sie lesen zuerst das „10-Basisziele-Arbeitsblatt", dann die „10-weitere-Ziele-Arbeitsblätter" und zum Schluss die „Interessen- und Talentelisten". Führen Sie diese Übung für einige Monate auf solche Weise durch und entscheiden Sie dann erneut darüber, ob Sie künftig die Zeitabstände zwischen Ihren Übungen verändern wollen. Vielleicht reicht es Ihnen dann, wenn Sie sie nur noch alle drei Tage durchführen. Wenn Sie Ihre Ziele soweit verinnerlicht haben, dass Sie Ihnen jederzeit bewusst sind, können Sie die Übungseinheiten auch auf einmal monatlich reduzieren.

Das Training aktualisieren
Nehmen Sie sich in regelmäßigen Abständen – z.B. alle sechs Monate oder einmal jährlich – Zeit, um Ihre aufgezeichneten Ziele zu überprüfen. Überlegen Sie, welchen Zielen Sie bereits näher gekommen sind und welchen nicht. Finden Sie Antworten, weshalb es Ihnen möglich war, bestimmte Ziele zu erreichen. Finden Sie aber auch Erklärungen dafür, warum andere Ziele noch nicht erreicht wurden.

Es kann sein, dass Sie ein Ziel ergänzen möchten, dann fügen Sie es einfach in Ihre Trainingsmappe ein. Vielleicht ist es auch so, dass Ihnen ein bestimmtes Ziel irgendwann nicht mehr wichtig erscheint. Dann nehmen Sie es von Ihrer Liste wieder herunter.

Mit anderen Worten: Bringen Sie Ihre Trainingsmappe und somit auch Ihr Bewusstsein immer wieder auf den neuesten Stand.

Das spirituelle Bewusstseinstraining kann beginnen
Auch ohne dass Sie sich nun noch mit dem letzten Teil von „Spirituell auf deine Weise“ beschäftigen, sind Sie nun in der Lage, ein wirkungsvolles Bewusstseinstraining durchzuführen. Sie können sich auf den Weg zu Ihren ganz persönlichen Zielen begeben.

TEIL 3
SPIRITUELLER ÜBUNGSTEIL

Einführung und Übungen

Spiritualität

Was ist eigentlich Spiritualität? Sucht man im Internet oder in verschiedenen Wörterbüchern nach der Bedeutung dieses Wortes, so stellt man fest, dass es dafür keine einheitliche Erklärung gibt.

Für mich ist die Definition jedoch ganz klar: Spiritualität ist für mich das, was das Leben und alles andere auf unserer Erde und im Universum miteinander verbindet und zusammenwirken lässt.

Durch unseren Glauben und eine offene Geisteshaltung ist es uns möglich, mit dieser allumfassenden Kraft, die man auch als Intelligenz des Universums bezeichnen könnte, in Verbindung zu kommen. Spiritualität macht es uns möglich, für unser Leben Antworten zu finden, die uns auf unserem persönlichen Weg weiterbringen. Durch sie nehmen wir Dinge wahr, die über unser Sehen und Hören nicht direkt erreicht werden können. Sie ist das Licht, das immer dann leuchtet, wenn man denkt, es geht nicht mehr weiter. Der Schlüssel in die Freiheit; die unerwartete Lösung; das Elixier unserer Träume; die „Magie" des Lebens; der Weg zu uns selbst.

Wenn Sie der spirituellen Seite in Ihrem Bewusstsein also noch mehr Raum verschaffen möchten, widmen Sie sich abschließend dem dritten und letzten Teil von „Spirituell auf deine Weise". So können Sie sich diesbezüglich noch weiter öffnen und Ihre Wahrnehmung erweitern.

In diesem Zusammenhang möchte ich Ihnen vorab noch erzählen, weshalb die schamanischen Krafttierreisen für mich so wichtig waren:

Die schamanische Reise

Eines Tages verabredete ich mich mit Myriam in einem indischen Restaurant zum Essen. Wir waren schon oft zusammen tanzen gewesen, aber bei der lauten Musik ergab sich kaum einmal die Gelegenheit, ein normales Gespräch zu führen. Hin und wieder hatte sie ihre schamanischen Treffen erwähnt, bei denen sie sich mit Freunden oder Bekannten traf. Ich hatte keine Ahnung, was Schamanismus ist und fragte irgendwann, was diese Treffen zu bedeuten hatten. Damit mir Myriam etwas darüber erzählen konnte, waren wir an jenem Abend verabredet. Es war ein schöner Abend. Aber ehrlich gesagt, weiß ich nicht, ob ich danach wirklich mehr über Schamanismus wusste. Es klang für mich zwar alles irgendwie abgehoben und passte auch nicht zu meiner realistischen Betrachtungsweise, mit der ich die Welt um mich herum mittlerweile wahrzunehmen gewohnt war, aber dennoch – oder gerade deshalb – faszinierte es mich. In Myriams Darstellung ging es um Heilkräfte und Praktiken, die man anwenden konnte, um in einer Art Trancezustand geistigen Helfern in Parallelwelten begegnen zu können, die neben unserer realen Welt existieren und die auf unserem Lebensweg nützliche Begleiter seien. Einer der ersten Schritte damit in Berührung zu kommen, seien die schamanischen Krafttierreisen. Ich sei das nächste Mal herzlich dazu eingeladen. Ohne zu wissen, was mich dabei wirklich erwartete, nahm ich die Einladung an.

Bald saßen wir also in einer netten Runde bei Myriam zu Hause und bereiteten uns auf eine „Krafttierreise“ vor. Sie erklärte uns, worauf es dabei ankam. Allein die Atmosphäre, die sich in dem Raum ausbreitete führte dazu, dass ich mich körperlich wie seelisch-geistig wunderbar entspannt und wohl fühlte.

Sie forderte uns auf, vor unserem geistigen Auge einen Ort in der Natur zu visualisieren. Am besten einen, den wir schon einmal gesehen hatten. Von dort aus sollten wir nach einer Möglichkeit suchen, über die wir gedanklich in das Erdreich und somit in die untere Welt eindringen konnten. Es sei wichtig, eine Frage und eine Absicht zu formulieren, bevor man sich auf eine Krafttierreise begibt. In unserem Fall war die Absicht, unser persönliches Krafttier zu finden und kennenzulernen. Wenn wir in der Reise einem Tier begegnen, sollten wir es fragen, ob es unser Krafttier ist. Vielleicht würden wir es auch ohne zu fragen spüren, ob wir es gefunden haben. Die Antwort könne auf ganz unterschiedlichen Wahrnehmungskanälen erfolgen. Als wir es uns alle auf dem Boden bequem gemacht hatten und bevor uns gleich eine schamanische Trommel in eine Art Trance-Zustand versetzen sollte, sprach Myriam folgende Worte:

„Nun schließe deine Augen und atme tief ein und aus. Mit jedem Ausatmen kannst du mehr loslassen, mehr abgeben. Mit jedem Einatmen kannst du mehr bei dir ankommen. Dies ist deine Zeit für dich. Und nun sage deinem Kopf und deinem Körper, dass du eine schamanische Reise machen wirst, um dein Krafttier zu finden“.

Ich kam mir mittlerweile vor wie im falschen Film. Ich konnte mir zwar vorstellen, vor meinem geistigen Auge ein Stück Natur entstehen zu lassen, aber keine Tiere, die mit mir reden würden. Ich überlegte für einen Moment, aufzustehen und mich zu verabschieden. Das war mir einfach alles zu abgehoben. Irgendwie Schwachsinn das Ganze. Aber ich wollte Myriam auch nicht enttäuschen und so blieb ich da. Warum sollte ich nicht noch ein bisschen weiter entspannen?

Ich lag auf einer Wolldecke auf dem Rücken und machte es mir bequem, schloss die Augen, genoss die Ruhe und das wunderbare Gefühl von Entspannung und Leichtigkeit. „Ich wünsche euch eine gute Reise“, sagte Myriam und der Klang ihrer Trommel breitete sich im Raum aus.

Wie von selbst formten sich in mir Bilder von grünen Wiesen und Wäldern. Es war so, als würde ich schwebend darüber hinweggleiten, und schon nach wenigen Sekunden bewegte ich mich auf einen großen dunklen Tunnel zu. Das war für mich bis hierhin erst einmal noch nichts wirklich Ungewöhnliches. Wenn ich abends im Bett liege und die Augen schließe, sehe ich auch viele Bilder. Neu war allerdings die Intensität, mit der ich visuell und emotional das Geschehen erlebte. Jetzt befand ich mich direkt vor dem Tunnel. Ich hatte gar keine Zeit zu überlegen, was geschah. In einer unglaublichen Geschwindigkeit sauste ich durch diese Röhre hindurch. Ich hatte das Gefühl, dass es in dem Tunnel sehr viel zu sehen gab, obwohl er dunkel war. Nur in einer gewissen Ferne, dort wo ich sein Ende vermutete, war ein helles Licht. Auf dieses Licht bewegte ich mich rasend schnell zu, ohne jedoch jemals dort anzukommen. Ich konnte jedoch erkennen, dass das Ende des Tunnels von Tierhänden umsäumt war. Es waren Klauen,

Pranken und Pfoten von Tieren, die sich am Ende des Tunnels aufhielten, deren Körper aber im Verborgenen blieben. Ich wollte zu gerne wissen, welche Tiere das waren, doch ich konnte das Ende einfach nicht erreichen. Schließlich rauschte ich an einigen Tieren vorbei. Doch bevor ich erkennen konnte, welche es waren, war ich auch schon wieder an ihnen vorbei geschossen. Es war mir einfach nicht möglich, die Tiere zu identifizieren.

Mittlerweile brannte in mir die Neugier, und ich wollte unbedingt mehr über mein persönliches Krafttier herausfinden. Ich sprach in Gedanken zu den Tieren. Es waren Worte wie, „zeigt euch" oder Ähnliches. Ich weiß es heute nicht mehr genau. Nach einer Weile verlangsamte sich das Tempo, mit dem ich durch den Tunnel glitt. Jetzt konnte ich Tiere erkennen! Das Faszinierende an dieser Krafttierreise war, dass ich tatsächlich nur Tieren begegnete. Wenn ich zu Hause Bilder vor meinem geistigen Auge entstehen ließ, dann war das immer ein Durcheinander aller möglichen Bilder, Szenen, Farben und Muster. Das war diesmal anders. Es tauchten immer nur Tiere auf. Sonst nichts. Ich sah Libellen, Enten, Schwäne, Elefanten, Eichhörnchen, Käfer, Spinnen, Rehe, Wölfe, Hunde, Katzen, Fische, Wale, Robben, Fliegen, Ameisen, Fledermäuse, Amseln, Pfauen, Hühner, Krähen, Eulen, Nilpferde, Schlangen, Echsen, Nashörner und noch viele mehr. Es war faszinierend.

Obwohl sich mein Tempo verlangsamt hatte, war ich immer noch so schnell unterwegs, dass es mir nicht möglich war, die Tiere anzusprechen. Wenn ich es doch einmal versuchte, verschwanden sie auf der Stelle im Nichts. Sie waren scheu und offensichtlich nicht näher an mir interessiert.

Die Trommel veränderte ihren Rhythmus. Das war das Signal, sich von der unteren Welt zu verabschieden und auf den Weg in die reale Welt zurückzukehren. Ich blickte mich noch einmal um und verabschiedete mich im Geiste von den Tieren und ihrer geheimnisvollen Welt. Dabei stellte ich mir vor, wie ich über den Tunnel den Weg zurückging. Innerhalb von Sekunden war ich auf meiner Wolldecke liegend wieder in der Wirklichkeit angekommen. Wir Teilnehmer dieser Krafttierreise saßen danach noch zusammen im Kreis und erzählten uns gegenseitig von unseren Eindrücken und Erlebnissen. Nicht alle in der Runde waren Neulinge so wie ich. Einige kannten ihre Krafttiere bereits.

In dieser Runde hatte ich am meisten zu erzählen. Ich hatte so viele Tiere gesehen und es war eine so außergewöhnliche Erfahrung für mich, dass meine Beschreibungen sehr ausführlich wurden. Ich konnte überhaupt nicht mehr aufhören zu erzählen. Mein Krafttier hatte ich allerdings nicht gefunden. Das fand ich aber nicht weiter schlimm. Ich war mir nun sicher, dass mich das, was ich soeben erfahren hatte, in Zukunft noch mehr interessieren würde. Für mich stand innerlich fest, dass ich dieses geheimnisvolle Tier – mein Krafttier – bei einer meiner nächsten Reisen finden würde.

Wir trafen uns im gewohnten Kreis von da an ca. einmal pro Monat zum Reisen in die untere Welt der Anderswelt, wie diese auch bezeichnet wird. Ich hatte jedes Mal ähnlich intensive Erlebnisse wie bei meiner ersten Reise. Wunderbar leicht flog ich durch die Luft, über Täler, Wiesen, Felder und Wälder, tauchte ein in die Tiefen von Meeren, Seen und Flüssen. Schwamm mit Walen und Delphinen, streichelte Löwen oder Rehe, krabbelte mit Spinnen und

Käfern durch dichtes Gestrüpp oder wälzte mich im Schlamm mit Schweinen und Nilpferden. Manchmal dachte ich, dass die Wale meine Krafttiere sein könnten, denn ich fühlte mich in ihrer Gegenwart besonders wohl und auf eine gewisse Weise mit ihnen verbunden. Ich erhielt aber kein Zeichen von ihnen. Einmal begegnete ich einem großen, äußerst anmutig wirkenden Hirsch. Sein Bild war klar und berührte mich so tief, dass ich glaubte meinem Krafttier nun endlich begegnet zu sein. Doch auch von ihm erhielt ich keine Antwort auf die Frage, ob er mein persönliches Krafttier wäre.

Ich glaube, es war inzwischen die 7. Krafttierreise, auf der es sich mir dann doch endlich zu erkennen gab. Obwohl ich Tiere schon immer sehr gemocht hatte und ein Herz habe, das alle Tiere achtet, gab es natürlich trotzdem solche, die mir weniger sympathisch waren. Und zu diesen gehörte dann ausgerechnet mein persönliches Krafttier! Dazu muss ich aber sagen, dass es ab dem Moment, als es mir begegnete, keine Gefühle der Abneigung mehr gab. Das Tier tauchte auf und ich verspürte ein tiefes Verlangen, es zu streicheln und zu umarmen. Ich schmiegte mich an seinen Leib an. Es war so als würde ich zeitweise mit dem Tier verschmelzen. Mal war ich ich selbst, und im anderen Moment war ich das Tier. Ich konnte manchmal nicht mehr zwischen ihm und mir unterscheiden. Es fühlte sich wunderbar und warm an. Zärtlich und liebevoll. Ganz und heil. Herrlich und beglückend.

Ich musste es nun einfach wissen! Musste fragen, ob es mein persönliches Krafttier war. Zuerst hatte ich nicht den Mut, denn das Gefühl das sich in mir ausgebreitet hatte, war so ergreifend, dass ich es nicht wieder dadurch zerstören wollte, dass mir das Tier auf meine Frage hin, wieder kein Zeichen geben würde. Doch ich wagte es. Ich sah es an und fragte zögernd, ob es mein persönliches Krafttier sei. Daraufhin sprang es vor Freude auf, packte mich und wirbelte mich durch die Luft. Immer wieder signalisierte es mir durch heftiges Kopfnicken, dass ich mit meiner Vermutung richtig lag. Wir tanzten und sprangen umher, flogen durch die Luft und schwammen gemeinsam im Wasser. Wir lachten und hatten unglaublichen Spaß. Gemeinsam alberten wir herum und kuschelten uns aneinander.

Kurz bevor die Trommel mich dazu aufforderte, aus meiner Reise zurückzukehren, gab es eine wunderbare Szene mit mir und meinem Krafttier, die ich sicher niemals wieder vergessen werde:

In einem stillen und abgelegenen Sumpfgebiet blickte ich, eingehüllt in ein Gefühl von Verbundenheit und Vertrauen, über die Wasseroberfläche eines Sees. Ich war ich und ich war zugleich mein Krafttier. Es war nicht zu unterscheiden. Ich sah die Umgebung mit meinen und mit den Augen meines Krafttieres. Und noch mehr, ich konnte mich selbst aus der Umgebung heraus beobachten. Ich sah, wie ich dort im Wasser, umgeben von Schilf und hohen Gräsern, entspannt und von Liebe und Glück erfüllt, auf dem Rücken eines riesigen Krokodils sitzend, die Arme über meinen Kopf ausstreckte und mich danach selbst umarmte. Dann sah ich, wie ich aufblickte und erkannte, wie ich selbst am Ufer stand. Ich saß im Wasser auf dem Rücken meines Krokodils, stand gleichzeitig am Ufer und schaute mich an.

Da ich mein Krafttier nun gefunden hatte, konnte ich bei den folgenden Treffen, jene Absicht, die zu Beginn einer Reise formuliert werden musste, durch jeweils eine andere ersetzen. Ich konnte nun Absichten formulieren, die dazu dienten, Fragen zu bestimmten Problemen oder Wünschen zu klären. Das heißt, bei jeder Reise war nun von Beginn an das Krokodil an meiner Seite. Es wartete bereits auf mich, und wir glitten gemeinsam durch den Tunnel in die Anderswelt. Mein Krokodil führte mich dann in meinen Reisen an Orte, zu Ereignissen oder in Szenen, die mir für das jeweilige Thema Aufschluss liefern sollten. Nicht immer habe ich verstanden, was die Antworten bedeuteten, aber selbst dann war es wunderbar entspannend und ich fühlte mich leicht und lebendig.

Alles hat eine spezifische Bedeutung

Hatte es eigentlich etwas Bestimmtes zu bedeuten, dass sich ausgerechnet ein Krokodil meiner annahm? Als ich mein Krafttier gefunden hatte, interessierte mich diese Frage sehr. Myriam las mir dazu aus einem ihrer schamanischen Krafttierbücher sinngemäß Folgendes vor:

„Das Krokodil weist auf Ängste und Blockaden hin, die dich bisher von deinem eigenen Weg abgehalten haben. Es ist die Zeit gekommen, diese Hindernisse nun endlich zu überwinden und aus dem Schatten heraus ins Licht zu treten. Ureigene Interessen und Talente, die tief in dir vergraben sind, dürfen nun aus ihren Verstecken hervorkommen. Deine Selbstheilungskraft wird aktiv und bringt auch anderen Menschen Heilung. Deine Vorhaben werden gelingen".

Diese Worte passten so genau auf meine damaligen Bedürfnisse und waren dadurch unbeschreiblich wohltuend. Sie gaben mir sehr viel Kraft und Zuversicht. Der

Wunsch, etwas in meinem Leben zu verändern und zu mir selbst zu finden, wurde in diesem Moment geboren.

Anmerkung: Darüber, welche Erfahrungen ich im Einzelnen anschließend machte und wie sich eines Tages das Krokodil von mir verabschiedete, weil es der Meinung war, dass ich alles, was ich von ihm lernen konnte nun begriffen hatte und mir fortan ein neues Krafttier zur Seite stand, möchte ich an dieser Stelle nicht weiter berichten.

Wie im ersten Teil von „Spirituell auf deine Weise" bereits erwähnt, rate ich Ihnen nicht unbedingt dazu, bestimmte Dinge, die für mich richtig sind, gleichfalls zu tun. Es kann sein, dass Schamanismus für Sie das Richtige ist, vielleicht aber auch nicht. Finden Sie selbst heraus, was Sie interessiert und was für Sie richtig ist.

Mit diesem spirituellen Übungsteil lassen Sie es zu, dass Ihnen das begegnen kann, was speziell für Sie wichtig ist und Sie auf Ihrem Weg weiterbringt.

Darauf einlassen und nicht daran zweifeln

Eines möchte ich jedoch noch zu meinen Erfahrungen mit den Krafttierreisen erklären. Ich glaube, der Grund, warum es so lange gedauert hat, mein Krafttier zu finden, war der, dass ich nicht an die Existenz einer Parallelwelt glauben konnte. Ich erklärte mir die Ereignisse in meinen Krafttierreisen so, dass man sich durch den anderen Wahrnehmungsbereich, in dem man sich dabei befindet, Zugang zu seinem Unterbewusstsein verschafft. Alles, was ich zu sehen bekam und was an Gedanken, Ideen und Erkenntnissen in mir entstand, würde also in meinem Unterbewusstsein geformt werden. Ja, so musste es sein.

Als ich diese Erklärung verinnerlicht hatte, fand ich mein Krafttier jedoch trotzdem nicht. Der Grund, warum ich es letztlich doch noch finden konnte – und davon bin ich zutiefst überzeugt – ist der, dass ich am Ende gar keine Erklärung mehr brauchte. Damit möchte ich etwas sagen, das ich wirklich als eine Empfehlung an Sie weitergeben möchte: Verlangen Sie keinen Beweis und keine Garantie – erlauben Sie sich Dinge wahrzunehmen, ohne Sie zu verstehen oder erklären zu wollen. In dem Moment, als ich zu mir sagen konnte, dass es vollkommen gleichgültig ist, ob es nun tatsächlich eine Anderswelt gibt oder alles nur in meinem Unterbewusstsein entsteht, begegnete ich meinem Krafttier. Ja, in diesem Moment war es keine Erklärung, die mich weiterbrachte, keine Überzeugung die mich zum Ziel führte, sondern die Offenheit gegenüber etwas, das ich im Grunde nicht verstand. Erst diese Offenheit machte es möglich, dass sich etwas Neues ereignen konnte. Und so fand ich zu meiner Spiritualität.

Seitdem ich mich auf Dinge einlassen kann, ohne mich dabei von vornherein in Sicherheit wiegen zu müssen, alles richtig zu machen, wächst meine Fähigkeit mit Intuition und Selbstvertrauen, meinen eigenen Weg gehen zu können.

Im Übrigen habe ich mich nie tiefergehend mit Schamanismus beschäftigt. Die Fähigkeit zu spiritueller Wahrnehmung ist in jedem von uns angelegt. Sie wartet nur darauf, entdeckt zu werden. Und dafür brauchen Sie nicht unbedingt einen orientalischen Guru, japanischen Meister oder indianischen Heiler. Alles was Sie dazu brauchen, sind Sie selbst.

Verstand und Spiritualität zusammen wirken lassen
Lernen Sie den Blickwinkel, mit dem Sie sich und Ihre Umwelt wahrnehmen, zu erweitern. Öffnen Sie sich also dem, was in Ihnen und um Sie herum passiert, damit Sie mit sich selbst und dem Außen besser kommunizieren können. Lassen Sie sich auch auf Dinge ein, die Sie mit logischem Verstand nicht erklären können. Geben Sie der Verbindung von Verstand und Spiritualität eine Chance.

Die Einheit von Verstand und Spiritualität kann Sie in die Lage versetzen, Ihren eigenen Weg zu gehen. Wichtig ist dabei:

- Ihren Glauben an eine höhere Macht zu vertiefen
  und innere Gelassenheit zu erfahren.

- Ihre innere Stimme zu hören
  und ihr Aufmerksamkeit zu schenken.

- Ihr Bauchgefühl wahrzunehmen
  und darauf Rücksicht zu nehmen.

- Ihrer Intuition zu vertrauen
  und mehr Raum zu geben.

- „Magisches“ zu entdecken
  und sich auf Neues einzulassen.

- In das Verbinden-Senden-Empfangen-Prinzip einzu-
  steigen
  und Veränderung zuzulassen.

- Synchronizität auszulösen

um Ihren Chancen und Möglichkeiten zu begegnen.

- Mit einem neuen, veränderten Bewusstsein und Lebensgefühl Ihren eigenen Weg sicher zu gehen.

Die innere Stimme hören

Wenn ich mich früher mit Literatur über Selbsterfahrung befasste, war in diesen Texten sehr oft die Rede davon, der inneren Stimme zuzuhören. Ich wusste jedoch nie, was damit überhaupt gemeint war. Immer wieder war die Rede von einer Stimme, die man nur wahrzunehmen brauchte, um sich selbst finden zu können. Oft versuchte ich – wie das immer so schön genannt wurde – in mich hinein zu lauschen. Doch ich hörte nichts. Tausende Gedanken kreisten in mir, aber hören konnte ich einfach nichts.

Ich stellte mir vor, wie es wohl sein musste, tief in meinem Inneren eine Stimme zu hören. Eine Stimme, die mir aus der Seele spricht. Die mich liebt und immer nur für und niemals gegen mich ist. So wie jemand, der seine komplette Aufmerksamkeit auf meine Bedürfnisse oder mein Wohlergehen richtet und mich darüber informiert, was gut oder schlecht für mich ist. Eine Stimme, die im Gegensatz zu mir immer nur das ausspricht, was meiner Wahrheit wirklich entspricht und für mich richtig ist. Ich konnte irgendwie nicht daran glauben, dass es möglich ist, diese Stimme wirklich „hören" zu können. Ich suchte eine Erklärung dafür, irgendetwas, das mir glaubhaft versicherte, dass es tatsächlich möglich ist, eine innere Stimme zu hören.

Sollte ich das Hören der inneren Stimme vielleicht eher so verstehen, dass ich einfach mehr darauf achten sollte, was an Wünschen und Gedanken in mir war? Ich hatte natürlich Bedürfnisse und Wünsche. Und diese wurden mir auch durchaus bewusst, wenn ich in mich ging. Aber hieß das schon die innere Stimme zu hören?

Eines Tages fiel mir ein, auf welche Weise es mir möglich wurde, mein Krafttier kennenzulernen und ich hatte eine Idee: Ich praktizierte einen jener abendlichen Ausflüge in mein Unterbewusstsein. Gemeint ist die Technik „Das Betrachten unterbewusst geformter Bilder und Gedanken". Im ersten Teil von „Spirituell auf deine Weise" habe ich beschrieben, auf welche Weise Sie mit dieser Technik arbeiten können.

Ich lag also in meinem Bett und entspannte mich. Alles lief genauso ab, wie sonst auch. Nur formulierte ich, nachdem ich die Augen geschlossen hatte, gedanklich noch eine Absicht. Ich öffnete mich meiner Spiritualität. Das heißt, ich ließ mich von dem Gedanken tragen, von der allumfassenden Kraft durchdrungen zu sein und dadurch mit allem und jedem in unserem Universum in Verbindung zu stehen. Ich informierte mich und das gesamte Universum darüber, dass ich meine innere Stimme hören wollte. Ich bekundete, dass es mir vollkommen gleichgültig ist, ob ich diese nun wirklich „hören" könnte oder ob das „Hören" meiner inneren Stimme eher im übertragenen Sinn zu verstehen sei. Ich brauchte keine Erklärung, wie es funktionierte oder wodurch es möglich sein könnte. So öffnete ich mich einfach und ließ es zu, dass etwas passieren durfte, was ich nicht zu verstehen brauchte um es gelten lassen zu können. Ich vertraute einfach darauf, dass ich eine Antwort bekommen würde.

Wie immer tauchte ich völlig losgelöst von Scham, Zensur, Angst, Moral und Zweifel in die Welt meiner Bilder und Gedanken ein. Es dauerte nur Sekunden und Bilder aus meiner Kindheit tauchten auf: Ich sah mich als kleinen Jungen lachend auf einer Wiese hinter dem Haus, in dem wir damals gewohnt hatten, herumtollen. Es war alles so vertraut und ich merkte, wie sich Tränen der Rührung in meinen Augen sammelten. So unbekümmert und lebendig wollte ich mich auch gern wieder fühlen, wie damals, als ich noch ein Kind war.

Ohne mich dabei direkt an den kleinen Jungen zu wenden, der ich damals gewesen bin und den ich nun so klar und deutlich vor mir sah, stellte ich mir in Gedanken die Frage, „Wie geht das bloß, so unbeschwert und leicht zu sein"? Daraufhin blickte mich der kleine Junge an und sagte: „Lebe heute, sei im Moment, staune und sei dankbar". Im selben Moment erkannte ich meine kindliche Stimme! Das Gefühl, das sich in mir ausbreitete, war unbeschreiblich. Und nun wusste ich, dass ich meine innere Stimme tatsächlich hören kann.

Wenn ich heute meine innere Stimme höre, habe ich oft jenes Bild des kleinen Jungen vor Augen. Aber meist kann ich sie hören, auch ohne ihn zu sehen. Mal ist es so, dass ich mit der Stimme direkt in einen Dialog treten kann, ein anderes Mal spricht sie einfach aus der Umgebung zu mir. Sie sagt immer das, was mir entspricht und am Herzen liegt. Sie ist ein neutraler Ratgeber, der sich nicht dafür interessiert, was andere denken. Sie schämt sich nicht für das, was sie zum Ausdruck bringt. Sie hat keine Angst vor den Konsequenzen dessen, was sie mir rät. Sie spricht alles frei aus und zweifelt nicht an dem, was sie sagt.

Im wahren Leben ist es bekanntlich nicht immer so, dass man nur das tun kann, was man will oder was einem gerade am Herzen liegt. Wir sind eingebunden in Familie und Beruf, leben innerhalb gesetzlicher und gesellschaftlicher Regeln und Grenzen. Daher lasse ich meine innere Stimme und meinen Verstand einander ergänzend zusammenwirken und entscheide dann, was zu tun ist. Meine innere Stimme sorgt also dafür, dass ich mich bei meinen Entscheidungen nicht selbst aus den Augen verliere. Das ist ganz viel wert! Früher habe ich mich selbst immer nur hinten angestellt. Darüber nachzudenken und für das einzustehen, was für mich ganz persönlich wichtig war, hatte ich vollkommen verlernt.

Der eigenen Spiritualität Raum geben und „Magisches" entdecken

Während ich mich mit der Entwicklung des spirituellen Bewusstseins-Trainings beschäftigte, sprach ich mit vielen Menschen über meine Arbeit. Dabei bin ich sehr selten Personen begegnet, die es für völlig ausgeschlossen hielten, dass es zwischen Himmel und Erde mehr geben könnte, als die Wissenschaft beweisen kann.

Fast jeder glaubte daran oder hielt es zumindest nicht für ausgeschlossen, dass es einen Gott bzw. eine höhere Macht geben könnte. Einige der von mir Befragten waren zutiefst religiös, die meisten hatten jedoch kein klares Bild vor Augen, woran sie glaubten. Einige hatten sich einer Religion verschrieben, andere hielten Pranaheilung für interessant oder hatten schon einmal etwas von Schamanismus gehört. Wieder andere Menschen hatten Erfahrungen mit Astrologie, Engelarbeit oder anderen Gebieten der

Esoterik. Oft war auch eine Mischung aus verschiedenen Bereichen anzutreffen.

Wie bereits in Teil 1 von „Spirituell auf deine Weise“ beschrieben, bedeutet die Tatsache, dass man es nicht für ausgeschlossen hält, einen Gott oder eine ähnliche Macht für möglich zu halten, bereits zu glauben. Das wiederum bedeutet meiner Meinung nach, spirituell zu sein. Man schenkt seiner Spiritualität vielleicht noch nicht die volle Aufmerksamkeit, aber verschließt sich ihr auch nicht ganz. Glauben ist ohne Spiritualität nicht möglich, und je mehr man sich öffnet, desto elementarer können die Überzeugungen eine Rolle für das eigene Leben spielen. Niemand glaubt von heute auf morgen an Gott. Man hat erst seine eigenen Erfahrungen mit ihm machen müssen, sodass der Glaube sich einstellen und nach und nach vertiefen konnte. Von seiner eigenen Spiritualität geleitet ist man auch nicht einfach von jetzt auf gleich. Dazu bedarf es bewusster persönlicher Erfahrungen. Die spirituelle Wahrnehmung stellt sich ein, je mehr man sich ihr öffnet und sie zulassen kann.

Öffnen Sie sich der eigenen Spiritualität

Wie öffnen Sie sich Ihrer spirituellen Seite? Was heißt es, dieser offen gegenüber eingestellt zu sein? Dazu möchte ich sagen, dass Sie nicht entscheiden können, ab wann Sie spirituell sind. Sie sind nicht spirituell, weil Sie die Entscheidung treffen, es zu sein. Spiritualität stellt sich ein. Erst kaum wahrnehmbar, als eine leise Ahnung von etwas, das Ihnen das Herz höher schlagen lässt, bis hin zu einer tiefen Überzeugung, die Sie mit dem gesamten Gefüge des großen Ganzen in Verbindung bringt und Sie Ihr höheres Selbst bewusst werden lässt.

Was können Sie also tun, damit sich Ihre Spiritualität entfalten kann? Wie öffnen Sie sich? Sicher gibt es viele Möglichkeiten. Sie könnten sich Literatur zu einem bestimmten spirituellen Bereich besorgen. Sie könnten sich zu diversen Workshops und Seminaren anmelden oder einen spirituellen Heiler aufsuchen. Ich habe für mich herausgefunden, dass sich meine Spiritualität am ehesten durch die Freiheit, Dinge selbst erfühlen und herausfinden zu können, in mir entfalten konnte. Ich wollte nicht von jemandem lernen, wie oder was ich denken oder als Wahrheit anerkennen soll. Ich hatte nicht das Gefühl, dass ich ein Schamane werden müsste oder irgendeine spirituelle Praxis verinnerlichen sollte, um eine bestimmte spirituelle Ausrichtung zu erlernen. Ich wusste selbst noch zu gut, dass ich als Kind bereits spirituelle Anteile in mir hatte. Und die waren nicht schamanisch, katholisch, keltisch, evangelisch oder sonst wie. Sie waren einfach da. Sie gehörten keiner speziellen spirituellen Schule oder Religion an. Sie gehörten zu mir ganz persönlich.

Ich bin davon überzeugt, dass diese Fähigkeit in jedem Menschen angelegt ist. Wie sollte es auch anders sein? Letztlich ist die eigene spirituelle Wahrnehmung nichts anderes als die Verbindung ins universelle Gefüge. Wie sollten wir die Aufgabe gemäß unserer Bestimmung erfüllen können, ohne mit allem verbunden zu sein? Ich bleibe also dabei: Diese Fähigkeit ist in uns allen angelegt. Auch in Ihnen!

So öffnen Sie sich Ihrer Spiritualität

Wenn Sie mit der Lektüre bis hierher gekommen sind, haben Sie sich zumindest schon ein kleines Stück Ihrer spirituellen Seite geöffnet. Andernfalls hätten Sie sich nicht so weit durchgearbeitet. Die Grundvoraussetzung für das Verbinden-Senden-Empfangen-Prinzip ist damit gegeben. Je stärker in Ihrem Bewusstsein eine spirituelle Seite wachsen kann, umso intensiver und kraftvoller können Veränderungen stattfinden. Eine Methode, mit der Sie Ihre spirituelle Wahrnehmung unterstützen können, habe ich Ihnen bereits mit dem „Betrachten unbewusst geformter Bilder und Gedanken" nähergebracht und vielleicht konnten Sie sogar bereits erste spirituelle Verbindungen spüren. Damit sich Spiritualität quasi wie von selbst bei Ihnen einstellen kann, probieren Sie es doch einfach so, wie ich es getan habe:

Tun Sie zunächst für den Zeitraum eines Monats so, als hätten Sie bereits eine starke spirituelle Wahrnehmung. Sagen Sie zu sich, dass Sie an eine höhere Macht – oder wie Sie es gerne nennen möchten – glauben, und dass Sie dieser voll und ganz vertrauen. Entscheiden Sie sich dazu, dies für einen Monat als Wahrheit anzunehmen. Lassen Sie es außer Acht, ob es tatsächlich wahr ist oder nicht. Es spielt gar keine Rolle. Es ist unwichtig. Erlauben Sie sich, nicht zu wissen, was richtig oder falsch ist. Es geht darum, sich auf etwas einzulassen, für dessen Richtigkeit Sie keinen Beweis und keine Garantie verlangen, ohne es auch nur im Geringsten anzuzweifeln. Lassen Sie das für diesen einen Monat einfach zu. Sie haben nichts zu verlieren. Sie tun ja nur so, als sei es Ihre Wahrheit. Sie wissen, dass Sie nach Ablauf des Monats zu sich sagen können, dass es nur ein Spiel gewesen ist. Spielen Sie mit sich selbst. Verhalten Sie sich so, dass Sie allem, was passiert, Ihnen begegnet oder an Gedanken oder Ideen auftaucht, einen tieferen Sinn zuordnen. Übertreiben Sie ruhig etwas. Nur denken Sie niemals darüber nach, ob das, was Sie tun, denken oder erleben, richtig oder falsch, Realität oder Einbildung, intelligent oder unintelligent, vernünftig oder unvernünftig ist. Gehen Sie davon aus, dass das Universum es gut mit Ihnen meint. Lassen Sie also Ideen und Vorstellungen zu, die Ihnen hilfreich sind. Vertrauen Sie darauf, dass das Universum Ihr Begleiter ist und nicht Ihr Feind. Es will Ihnen helfen, Sie auf Dinge aufmerksam machen, aber Ihnen niemals drohen oder Sie gar bestrafen. Noch einmal: Öffnen Sie sich diesem Spiel und Ihren spontanen Ideen und Interpretationen und zweifeln Sie diese niemals an! Nicht, weil es nichts zum Zweifeln gäbe, sondern weil es keine Rolle spielt. Auf diese Weise lassen Sie zu, dass Sie Dingen begegnen können, denen Sie sich normalerweise verschließen. Dadurch, dass Sie so tun, als hätten Sie eine spirituelle Verbindung nach außen, kann sich Ihr Bewusstsein an diese Art zu denken und zu handeln gewöhnen. Auch wenn Ihre Interpretationen zuerst noch willkürlich und ungenau sein werden, weil Sie ja noch nicht wirklich in dem Maße spirituell sind, wie Sie vorgeben zu sein, werden diese im Laufe der Zeit von Ihrer „wahren" Spiritualität beeinflusst. Nach und nach wird Ihre eigene spirituelle Seite den Platz der gespielten einnehmen können. Dadurch, dass Sie während des Spiels nicht an Ihren Einsichten und Handlungen zweifeln und alles akzeptieren, was in Ihnen und um Sie herum passiert, schaffen Sie die Voraussetzung, die für die Entfaltung Ihrer wahren spirituellen Energie von größter Wichtigkeit ist: Sie öffnen sich und lassen geschehen.

Damit Sie sich noch etwas besser vorstellen können, was gemeint ist, hier noch ein paar Beispiele als Anregungen:

- Sagen Sie täglich mindestens einmal zu sich, dass Sie davon überzeugt sind, mit der Kraft an die Sie glauben, in Verbindung zu stehen. (Denken Sie daran, es ist nur ein Spiel. Nehmen Sie es als solches ernst und zweifeln Sie, solange Sie spielen, nicht an dem, was Sie sagen.)

- Denken Sie darüber nach, was Ihnen im Leben bereits alles zugestoßen ist oder was Sie erlebt haben. Erfinden Sie einfach Gründe, warum diese Dinge – auch wenn sie negativ waren – letztlich etwas Gutes hatten oder bewirken konnten. Wenn es gute bzw. schöne Dinge waren, finden Sie Gründe, die erklären würden, warum es höhere Fügung gewesen sein muss, dass sie Ihnen passiert sind. (Zweifeln Sie nicht an Ihren Erkenntnissen.)
- Wenn Sie morgens den Wecker nicht hören und zu spät zur Arbeit kommen, interpretieren Sie z.B., dass Ihnen, wenn Sie pünktlich aufgestanden wären, auf dem Weg zur Arbeit etwas zugestoßen wäre. (Denken Sie daran, Ihre spontanen Ideen nicht anzuzweifeln. Erlauben Sie sich, sie für wahr zu halten. Lassen Sie sich von dem Glücksgefühl ergreifen, dass Ihnen nichts zugestoßen ist.)
- Passiert Ihnen tatsächlich einmal irgendetwas Unerfreuliches, finden Sie mindestens einen Grund, auf was dieses „Unglück" Sie vielleicht aufmerksam machen will. (Zweifeln Sie nicht daran, dass Sie die richtige Erklärung gefunden haben und überlegen Sie, was Sie damit anfangen können.)
- Haben Sie sich auf eine Stelle beworben und erhalten eine Absage, interpretieren Sie, dass es nicht die richtige Stelle für Sie war. (Wenn Sie sich dann in Wirklichkeit darüber ärgern, liegt es daran, dass Sie Ihre Interpretation nicht ernst nehmen. Denken Sie daran, dass es keinen Grund zum Zweifeln gibt.)
- Begegnet Ihnen im Wald oder bei einem Spaziergang in der Stadt ein Tier auf eine Weise, die Ihnen, wenn

Sie wollen, irgendwie „magisch“ vorkommt, halten Sie sie einfach für „magisch“. Schauen Sie vielleicht später im Internet nach, was für eine Bedeutung dieses Tier als schamanisches Krafttier besitzt. Oder finden Sie eine eigene Interpretation. (Nehmen Sie diese ernst.)

- Wenn Sie in einem See baden gehen, stellen Sie sich z.B. vor, wie die im Wasser vorhandenen kosmischen Energien auf Ihren Körper übergehen und Sie dadurch mit dem Universum in Verbindung kommen. (Lassen Sie sich von dem Gefühl überwältigen.)
- Wenn Sie ein kurzes Sonnenbad nehmen, stellen Sie sich z.B. vor, wie die Wärme und das Licht in Ihren Körper eindringen, ihn mit kosmischer Energie auftanken und mit der allumfassenden Kraft in Verbindung bringen. (Spüren Sie die „Magie“ dieser Verbindung.)
- Wenn Sie zu Bett gehen, stellen Sie sich z.B. vor, dass Sie, sobald Sie eingeschlafen sind, von der allumfassenden Kraft zu einem Ausflug in Ihre Traumwelt begleitet werden. (Freuen Sie sich auf diese Macht und geben Sie sich ihr hin.)
- Wenn Sie sich etwas wünschen, erfinden Sie z.B. einfach ein kleines Ritual, mit dem Sie Ihren Wunsch ins Universum entlassen. (Vertrauen Sie darauf, dass das, was passieren wird, gut für Sie ist, auch wenn Ihnen Ihr Wunsch nicht oder noch nicht erfüllt werden kann.)
- Achten Sie darauf, ob Sie im Alltag Zeichen erhalten. Wenn Sie meinen, keine entdecken zu können, interpretieren Sie einfach in irgendeine Begebenheit oder Situation ein Zeichen hinein. Wenn Sie wollen, können Sie in die Wolken schauen und aus deren Formen ein Bild ableiten. (Finden Sie einfach einen Sinn, für den

dieses Bild stehen könnte und zweifeln sie diesen nicht an.)

- Wenn Sie in der Natur unterwegs sind, fassen Sie einen Baum an. Sehen Sie genau hin. Was glauben Sie, würde Ihnen der Baum mitteilen, wenn er sprechen könnte? Sprechen Sie es einfach spontan aus. Gehen Sie davon aus, dass Sie soeben das ausgesprochen haben, was der Baum Ihnen mitteilen wollte. (Es spielt keine Rolle, ob es tatsächlich so ist, nur gehen Sie trotzdem davon aus.)
- Machen Sie das Gleiche mit einem Stein. Berühren Sie ihn. Sehen Sie ihn sich an. Dann sprechen Sie das aus, was er Ihnen sagen will. Einfach ganz spontan. Gehen Sie davon aus, dass der Stein durch Sie eine Stimme bekommen hat. (Vielleicht war es nicht oder noch nicht so, aber gehen Sie trotzdem davon aus.)
- Wenn Sie eine Münze auf der Straße finden, bleiben Sie kurz stehen und gehen bitte davon aus, dass es etwas zu bedeuten hat. Schauen Sie, ob die Zahl oder das Wappen nach oben zeigt. Die Zahl könnte der Hinweis auf eine finanzielle Angelegenheit sein, das Wappen vielleicht eher auf etwas Privates hindeuten. Oder erfinden Sie selbst eine Theorie. (Lassen Sie diese dann gelten und zweifeln Sie sie nicht an.)
- Halten Sie sich für einen Menschen, der mehr sieht, als seine Augen erkennen. Gehen Sie davon aus, dass Sie mehr fühlen können, als ein Mensch üblicherweise fühlen kann. Glauben Sie, dass Sie mehr wissen und können, als Sie jemals gelernt haben. (Halten Sie es für wahr und zweifeln Sie nicht daran.)

Entscheiden Sie nach Ablauf eines Monats, ob Sie das Spiel noch weiter spielen möchten. Ich gehe davon aus, dass sich Ihre Wahrnehmung bis dahin bereits verändert hat. Entweder spielen Sie anschließend weiter oder Sie brauchen das Spiel gar nicht mehr, weil Sie bereits wirklich eine spirituelle Verbindung bekommen haben.

Auslösen von Synchronizität

Wie Sie sich mit einer höheren Macht verbinden, haben Sie bereits erfahren. Das Auslösen von Synchronizität, kann somit beginnen. Sie erinnern sich? Mit einfachen Worten erklärt, bedeutet Synchronizität, dass das Universum Ihre Signale empfängt, darauf reagiert und die entsprechenden Wachstumsmöglichkeiten für Sie arrangiert. Je mehr Sie sich Ihrem Glauben öffnen, Ihre Ziele, Interessen und Talente verinnerlichen und je aktiver Sie darauf zugehen, umso mehr Synchronizität lösen Sie aus. Die Anzahl Ihrer Chancen und Möglichkeiten, denen Sie begegnen können, erhöht sich dabei um ein Vielfaches.

Um vom Verbinden-Senden-Empfangen-Prinzip bestmöglich partizipieren zu können, empfehle ich Ihnen täglich mit Ihrer Trainingsmappe zu arbeiten. Mindestens jedoch einmal pro Woche. Später, wenn sich Ihre spirituelle Wahrnehmung stärker entwickelt hat und Sie Ihre Ziele verinnerlicht haben, werden Sie selbst wissen, wie oft oder auf welche Weise Sie diese Übungen weiterhin durchführen möchten.

Sie können gerne auch ein Ritual erfinden, mit dem Sie das Üben begleiten. Mit einem Ritual legen Sie einen bestimmten Ablauf fest. Sie trainieren z.B. immer zur gleichen Zeit oder begeben sich immer an denselben Ort. Zünden vielleicht zuvor jedes Mal eine Kerze oder eine Duftlampe an. Der Fantasie sind dabei keine Grenzen gesetzt.

SIEBEN SPIRITUELLE ÜBUNGEN

Übung 1 - Die spirituelle Wanderung

Als etwas ganz Wunderbares erlebe ich die spirituelle Wanderung bzw. den spirituellen Spaziergang. Treffen Sie sich dazu z.B. mit Freunden, mit denen Sie in den Wald oder an einen anderen schönen Ort in der Natur gehen. Sie können diesen Ausflug auch allein durchführen, jedoch ist es in der Gruppe eine noch viel intensivere Erfahrung. Verabreden Sie mit allen Teilnehmenden vorab folgende Punkte:

- Ab dem Zeitpunkt, an dem der Ausflug beginnt, wird nicht mehr gesprochen. Es ist also absolutes Schweigen angesagt.
- Der Spaziergang oder die Wanderung soll in einem ruhigen Tempo mit einer entspannten Geisteshaltung durchgeführt werden.
- Alle Sorgen und Probleme werden zu Beginn verabschiedet und nicht mit auf den Weg genommen.
- Jeder für sich hat die Aufgabe, die Umgebung wahrzunehmen.
- Es geht nur um die Umgebung. Um Farben, Formen, Töne, Laute, Gerüche, Pflanzen, Tiere, Wind, Licht und Schatten.
- Es geht darum, mit allen Sinnen die Natur wahrzunehmen. Über eine Farbe zu staunen; in einem Duft zu schwelgen; einer Vogelstimme oder dem Wind zu lauschen; ein Tier zu beobachten oder einen Stein oder Baumstamm zu berühren.
- Bleiben Sie in Ihrer Aufmerksamkeit für die Dinge, die Sie umgeben. Schauen und hören Sie hin.
- Riechen und fühlen Sie, was Sie umgibt.

- Lassen Sie in Ihrem Bewusstsein den Gedanken zu, das Sie selbst ein Teil dieser wunderbaren Natur sind und mit allem in Verbindung stehen.
- Außerdem geht es auch darum, etwas wahrzunehmen, was Sie nicht direkt sehen, hören, riechen, schmecken oder fühlen können. Lesen Sie zwischen den Zeilen. Vielleicht stellen Sie einem Baum, einem Stein, einer Blume oder einem See zu einer bestimmten Angelegenheit eine Frage. Achten Sie darauf, welche Ideen, Gedanken oder Antworten sich in Ihrem Bewusstsein einstellen.
- Störende Gedanken verabschieden Sie bitte gleich wieder.
- Wenn Sie etwas ganz besonders schön oder beeindruckend finden und einen anderen Teilnehmer darauf aufmerksam machen möchten, sprechen Sie ihn deswegen nicht an. Deuten Sie ihm mit einer Handbewegung vorsichtig an, was Sie ihm zeigen möchten. Staunen Sie für eine Weile gemeinsam.

Erst wenn der Spaziergang beendet ist, können sich alle über die erlebten Eindrücke unterhalten:

- Sprechen Sie darüber, wie sich dieser Ausflug von einem normalen Spaziergang unterschieden hat!
- Wie fühlte er sich an?
- Konnten Sie dabei eine gewisse „Magie" verspüren?
- Konnten Sie etwas Außergewöhnliches wahrnehmen?

Übung 2 - Achtsames Gehen

Dies ist eine Übung, die Sie ganz einfach bei einem Spaziergang einmal ausprobieren können: Am besten eignen sich hierfür natürlich Orte in schöner Natur, wie z.B. Wälder, Parkanlagen oder Felder. Gehen Sie langsam mit ruhigem Geist und entspanntem Körper, Schritt für Schritt. Achten Sie bei diesem Spaziergang nur auf das Gehen und was Sie durch das Gehen an sich selbst wahrnehmen können. Spüren Sie, wie Ihre Füße den Boden berühren. Spüren Sie, wie Sie einen Schritt vor den anderen setzen. Wie fühlt es sich an, wenn die Ferse den Boden berührt, sich der Fuß dann komplett am Boden befindet und kurz darauf langsam nach vorne über die Zehenspitzen rollt? Spüren Sie den Untergrund unter Ihren Fußsohlen! Ist der Boden holperig? Ist er weich, hart, kalt, warm oder sonst wie? Was spüren Sie in Ihren Beinen? Wie fühlen sie sich an? Wo in Ihrem Körper spüren Sie noch, dass Sie gerade am Gehen sind? Wird Ihnen vielleicht warm vom Gehen? Wo spüre Sie die Wärme? Strengt es Sie an oder macht es Ihnen Freude?

Wenn Ihre Gedanken zwischendrin abschweifen sollten, machen Sie sich darüber bitte keine Sorgen. Sobald Sie merken, dass sich Ihre Aufmerksamkeit nicht mehr auf das Gehen richtet, konzentrieren Sie sich einfach wieder neu darauf.

Werden Sie sich bewusst darüber, was für ein unsagbares Glück es für Sie ist, sich fortbewegen zu können. Begreifen Sie dies als kostbares Geschenk. Spüren Sie in dieses Glück hinein. Wenn Sie mögen lassen Sie es zu, dass dieses Gefühl Sie überwältigt. Falls Tränen der Freude fließen wollen, genießen Sie das Gefühl. Es gibt keinen Grund sich dafür zu genieren!

Wenn Sie diese Übung noch nicht ausprobiert haben, wird sie Ihnen vielleicht auf den ersten Blick sinnlos und langweilig vorkommen. Ich kann Ihnen nur empfehlen sie auszuprobieren. Wenn Sie es schaffen, mit der Aufmerksamkeit mindestens 15 Minuten beim Gehen zu bleiben, werden Sie sich vermutlich danach sehr erholt, erleichtert und gestärkt fühlen.

Übung 3 - Bewusstes Atmen

Zu atmen ist für uns selbstverständlich. Wir denken über das Atmen nicht nach, es geschieht ganz einfach. Um sich über das Atmen bewusst zu werden, sich dabei zu spüren und ganz bei sich selbst anzukommen, probieren Sie doch einfach einmal die folgende Übung aus:

Eine äußerst kraftvolle Übung, um die seelisch-geistige Wahrnehmung zu schulen und um mehr Bewusstheit, Achtsamkeit und Lebensfreude zu entwickeln, ist das konzentrierte Atmen. Es spielt nicht wirklich eine Rolle, wo Sie sich beim Üben gerade befinden. Ob zu Hause oder in freier Natur, diese Übung lässt sich überall und zu jeder Zeit durchführen. Sie können dabei liegen oder sitzen. Sie sollten dabei aber nicht gestört werden.

Schließen Sie die Augen und richten Sie Ihre Aufmerksamkeit auf Ihren Atem. Lassen Sie Ihren Atem fließen. Finden Sie sich im Rhythmus Ihres Atems ein. Werden Sie ruhig und entspannen Sie sich. Denken Sie an nichts, bleiben Sie mit Ihrer Aufmerksamkeit bei Ihrem Atem. Wie fühlt sich die Luft an, die durch Ihre Nase in die Lungen einströmt? Fühlt sie sich in der Nase beim Einatmen kühl und beim Ausatmen warm an? Welche Gefühle können Sie in der Lunge wahrnehmen? Wenn Sie mögen atmen Sie hin und wieder etwas tiefer ein und aus, bleiben Sie aber vordergründig in Ihrem normalen Rhythmus. Achten

Sie nur darauf, wo und wie Sie Ihren Atem wahrnehmen können. Spüren Sie hinein, wie es sich anfühlt, wenn sich Ihr Atem in Ihrer Brust ausbreitet. Fühlen Sie ihn eindringen in Ihren Bauch, in Ihren Rücken und Ihre Flanken. Und achten Sie gleichsam darauf, wenn er den Körper wieder verlässt. Bleiben Sie mit Ihrer Aufmerksamkeit bei Ihrer Atmung.

Wenn Sie mit der Aufmerksamkeit abschweifen, macht das nichts. Sobald Sie merken, dass Sie sich nicht mehr auf das Atmen konzentrieren, schwenken Sie einfach sanft auf das Atmen zurück.

Stellen Sie sich vor, wie der in den Lungen sich ausbreitende Sauerstoff ins Blut übertragen wird. Geben Sie sich dem Gefühl hin, vom Kopf bis zu den Finger- und Zehenspitzen mit frischem Sauerstoff versorgt bzw. vitalisiert zu werden. Bleiben Sie dabei mit Ihrer Aufmerksamkeit gleichzeitig beim Rhythmus Ihres Atems. Wenn Sie mögen, verlieren Sie sich ganz in Ihren Gefühlen und genießen Sie die Bewusstheit, die sich in Ihnen ausbreitet.

Wenn Sie diese Übung noch nicht ausprobiert haben, wird sie Ihnen vielleicht auf den ersten Blick etwas einfach und langweilig vorkommen. Ich kann Ihnen nur empfehlen sie auszuprobieren. Wenn Sie es schaffen, mit der Aufmerksamkeit mindestens 10 Minuten beim Atmen zu bleiben, werden Sie sich danach vermutlich sehr erholt, erleichtert und gestärkt fühlen.

Übung 4 - Achtsamkeit im Alltag

Diese Übung lässt sich auf vieles, was Sie tagtäglich tun übertragen. Hier soll das morgendliche Duschen als Beispiel dienen: Stellen Sie sich unter die Dusche. Nehmen Sie ganz bewusst alle Einzelheiten dieses Vorgehens wahr. Jede klitzekleine Kleinigkeit. Fühlen Sie das Wasser! Wie fühlt es sich an? Genießen Sie die Wärme! Wie sieht das Wasser aus? Fühlen Sie den weichen seidigen Seifenschaum auf Ihrem Körper! Ist er nicht wunderbar weich und duftig? Verreiben Sie ihn sanft auf Ihrem Körper und fühlen, riechen, hören und sehen Sie hin. Was gibt es alles wahrzunehmen? Wärme? Zärtlichkeit? Geborgenheit? Nässe? Wasserdampf? Seifenduft? Plätschergeräusche? Der Druck des Wassers auf der Haut? Tropfen an den Duschwänden! Betrachten Sie Ihren Körper! Wie sieht er aus? Ist er voll mit Seifenschaum? Glänzt er vor Nässe? Welche Farben umgeben Sie? Welche Farbe hat die Seife? Oder welche Farbe hat der Deckel der Duschgelflasche? Und wie fühlt sich der Stoff des Waschlappens an? Wie stark reflektiert das Licht auf den Armaturen? Schauen Sie hin! Fühlen Sie hin! Riechen Sie hin! Hören Sie hin! Vielleicht schmecken Sie vorsichtig das Wasser?

Sie wissen ja bereits aus den vorangegangenen Übungen, dass es passieren kann, dass Ihre Gedanken abschweifen. Wie immer, machen Sie sich nichts daraus und kehren, sobald Sie merken, dass Sie mit Ihrer Aufmerksamkeit nicht mehr beim Duschen sind, sanft zum bewussten Duschen zurück.

Nehmen Sie sich gute 10 Minuten Zeit für diese Übung. Je häufiger Sie Achtsamkeitsübungen durchführen, umso öfter werden Sie für den Zeitraum der Übungen im Hier und Jetzt und somit im bewussten Erleben ankommen. Ihre körperliche, seelische und geistige Kraft wird von Mal zu Mal stärker. Im bewussten Erleben gerät Ihre spirituelle

Energie ins Fließen und Einfallsreichtum sowie Kreativität bringen neue Ideen und Gedanken hervor.

Übung 5 - Die Gedanken frei lassen

Gedanken zu denken, ist etwas anderes, als Gedanken zu betrachten. Je nachdem, was Sie für ein Typ sind oder wie gerade Ihre Laune ist, wird Ihr Alltag eher von negativen oder positiven Gedanken bestimmt. Negative Gedanken erscheinen z.B. in Ihrem Bewusstsein und Sie lassen sich darauf ein, halten sie fest oder verheddern sich sogar darin. Wenn Sie diese Achtsamkeitsübung regelmäßig anwenden, wird Ihnen von Mal zu Mal bewusster, wie flüchtig Gedanken sind. Es wird Ihnen klar, dass Gedanken – positive wie negative – einfach kommen, aber auch wieder gehen können. Dadurch, dass Sie Ihre Gedanken einfach nur betrachten und sich so von ihnen distanzieren, anstatt sich grundsätzlich auf sie einzulassen, lernen Sie, dass es Ihre Entscheidung ist, welche Gedanken Sie zu Ende denken und welche nicht. Die Übung kann sitzend oder liegend vorgenommen werden. Sie können eine Ihnen bekannte Meditationshaltung einnehmen oder aber, Sie machen es sich einfach bequem.

Entspannen Sie sich. Schließen Sie die Augen und atmen Sie ruhig. Voraussichtlich werden die ersten störenden Gedanken nicht lange auf sich warten lassen! „Irgendwie kann ich mich nicht richtig entspannen", „Es kribbelt in meinem Bein", „Hoffentlich schaffe ich es heute noch zum Frisör zu gehen" usw. Für diese Übung ist es sogar ideal, wenn diese störenden Gedanken auftauchen. An eben diesen Gedanken, können wir uns abarbeiten, denn Ziel dieser spirituellen Achtsamkeitsübung ist es, zu lernen, sich von Gedanken distanzieren zu können, sie zu neutralisieren, ohne sie zu bekämpfen, bewerten oder auszuschalten! Gehen Sie dabei wie folgt vor:

Angenommen, Ihnen kommt der Gedanke, dass am Nachmittag Ihre Schwiegermutter bei Ihnen klingeln könnte und wie peinlich Ihnen das wäre, denn Sie haben noch nicht aufgeräumt. Nehmen Sie diesen Gedanken einfach als Gedanken wahr. Relativieren Sie ihn, in dem Sie sich darüber bewusst werden, dass Sie sich gerade in einer Übung befinden. Akzeptieren Sie, dass sich dieser Gedanke zu Wort gemeldet hat, aber identifizieren Sie ihn als etwas, mit dem Sie machen können, was Sie wollen. Und genau das ist der Sinn der Übung. Sie entscheiden sich dafür, den Gedanken nicht weiter festzuhalten. Stellen Sie sich nun bildlich vor, wie Sie diesen Gedanken in Ihre Hände nehmen. Streicheln Sie ihn, werfen Sie ihn in die Luft und fangen Sie ihn wieder auf. Treiben Sie ein wenig Spaß mit ihm und bringen Sie ihn zum Lachen. Legen Sie ihn nach ein paar Sekunden auf eine kleine weiche Schäfchenwolke, die am Himmel vorüberzieht. Entlassen Sie ihn in die Freiheit und beobachten Sie, wie er davonweht! Wenn dann der nächste Gedanke auftaucht, machen Sie genau dasselbe. Versuchen Sie mindestens 15 Minuten in der Meditation zu bleiben.

Wenn Sie Schwierigkeiten haben sollten, sich so etwas bildlich vorzustellen, vereinfachen Sie einfach das Vorgehen. Erfinden Sie Ihr eigenes Ritual. Denken Sie daran, dass es darum geht, die aufkommenden Gedanken als etwas zu identifizieren, mit dem Sie machen können, was Sie wollen! Entscheiden Sie sich dafür, sie nicht festzuhalten und lassen Sie sie weiterziehen!

Übung 6 - Dem inneren Kind Beachtung schenken
Sorgen Sie bitte zunächst einmal dafür, dass Sie sich wohl fühlen. Entspannen Sie sich und halten Sie sich eine Weile in der Entspannung auf. Dann nehmen Sie Stift und Papier – oder setzen sich an den PC – um etwas zu schreiben!

Was Sie schreiben sollen? Nun, genauer gesagt sollen nicht "Sie" etwas schreiben, sondern das "Kind" in Ihnen!

Dazu gehen Sie gedanklich in Ihre Kindheit zurück. Erinnern Sie sich an etwas Schönes aus Ihrer Kindheit. Halten Sie sich für ca. 5 Minuten – wenn Sie mögen auch länger – in der Erinnerung auf. Nun stellen Sie sich einfach vor, immer noch dieses kleine Kind von damals zu sein! Werden Sie sich darüber bewusst, dass durch die Erinnerung, das Kind noch immer in Ihnen wohnt. Wie alt waren Sie damals? Vielleicht 5, 8, 10 oder 12 Jahre? Sie müssen sich gar nicht genau daran erinnern, wie alt Sie wirklich waren, denn für diese Übung reicht eine grobe Einschätzung vollkommen aus. Nun schreiben Sie – als das Kind von damals – einen Brief an Sie – als den Erwachsenen von heute – und zwar folgendermaßen: Sagen Sie, wie alt Sie sind und was Ihnen wichtig ist! Erzählen Sie Ihrem Erwachsenen von Ihren Träumen, Wünschen, Sehnsüchten, Interessen und Talenten! Bitten Sie ihn ebenfalls darum, Sie dabei zu unterstützen, diese Bedürfnisse verwirklichen zu können. Sagen Sie ihm auch, wie sehr Sie sich wünschen von ihm gesehen und geliebt zu werden. Sie werden selbst beim Schreiben wissen, welche Zeilen Sie außerdem noch schreiben möchten.

Wenn Ihnen nachfolgende Empfehlung irgendwie albern oder kindisch vorkommt, möchte ich sie Ihnen ganz besonders ans Herz legen!

Wenn Sie den Brief fertig geschrieben haben, geben Sie ihn in einen Briefumschlag und adressieren Sie ihn an sich selbst. Wenn Sie mögen tun Sie noch ein Foto aus der Kindheit mit hinein und schicken Sie ihn dann auf die Reise. Freuen Sie sich auf die Post, die Sie in Kürze erreichen wird und nehmen Sie den Brief künftig immer wieder einmal zur Hand. Vielleicht haben Sie sogar öfter einmal Lust, aus einer anderen Perspektive heraus, an sich selbst zu schreiben!?

Übung 7 - Mit dem Universum in Kontakt

Alles hat einen Gegenpol: gut und schlecht – innen und außen – oben und unten – gesund und krank etc. Beide Pole gehören zusammen und stehen jeweils mit einander in direkter Verbindung. Ohne gut gäbe es kein schlecht. Es gäbe kein innen, wenn es kein außen gäbe. Wo wäre oben, wenn es kein unten gäbe? Wozu auf die Gesundheit achten, wenn es nicht auch Krankheit gäbe?

Stellen Sie sich die Größe und Weite unseres Kosmos vor. Alles in diesem Universum ist mit einander in Verbindung. Machen Sie sich bewusst, dass Sie ein Teil des Kosmos sind. Spüren Sie in sich nach, und werden Sie sich Ihres eigenen, ganz persönlichen Gegenpols bewusst! Wer, wie, wo oder was ist Ihr Gegenpol? Was vermuten Sie? Welche Antwort auf diese Frage, können Sie sich geben? Seien Sie ruhig mutig, erfinderisch, experimentierfreudig und kreativ beim Finden Ihrer Antwort. Lassen Sie die Antwort, die sich in Ihrem Bewusstsein kreieren wird, einfach gelten. Es gibt keine falsche Antwort auf diese Frage. Wenn Sie sich diese Frage künftig immer wieder einmal stellen sollten, mag es sein, dass Sie jedes Mal auf die gleiche Antwort kommen, genauso gut kann es aber auch sein, dass Sie immer wieder eine neue Antwort finden. Das ist in Ordnung, Sie können nichts falsch machen! Denken Sie an Ihre Antwort und fühlen Sie wie unglaublich kraftvoll diese Vorstellung ist?

Wenn Sie möchten, können Sie die Übung noch wie nachfolgend beschrieben fortsetzen:

- Legen Sie sich hin und entspannen Sie sich
- Legen Sie Ihre Hände auf Ihren Bauch
- Spüren Sie die Wärme, die sich in Ihren Händen und Ihrem Bauch ausbreitet
- Nehmen Sie diese Wärme ganz bewusst wahr
- Bleiben Sie mit Ihrer Aufmerksamkeit bei dieser Wärme
- Werden Sie sich gleichzeitig Ihres Gegenpols bewusst
- Wenn Sie die Wärme eine Weile bewusst gespürt haben, spüren Sie, wie die Wärme sich weiter ausbreitet
- Stellen Sie sich vor, wie sie von Ihrem Bauch aus, nach unten in Ihre Beine und bis in die Füße strömt
- Halten Sie das Gefühl der Wärme in Ihrem Bauch und die nach unten strahlende Wärme in Ihren Beinen und Füßen im Bewusstsein. Spüren Sie die Wärme in diesen Bereichen gleichzeitig und werden Sie sich ebenfalls Ihres Gegenpols bewusst
- Es reicht, wenn Sie das Gefühl der Wärme, die vom Bauch bis zu den Füßen gleichzeitig zu spüren ist, für einen kurzen Moment in Ihrem Bewusstsein halten können

- Dann konzentrieren Sie sich wieder auf die Wärme in Ihren Händen und in Ihrem Bauch
- Nun schicken Sie die Wärme von Ihrem Bauch in Ihre Seiten und bis in Ihre Arme hinein
- Halten Sie das Gefühl der Wärme in Ihrem Bauch und die zur Seite in die Arme strahlende Wärme in Ihrem Bewusstsein. Spüren Sie die Wärme in diesen Bereichen gleichzeitig und werden Sie sich ebenfalls Ihres Gegenpols bewusst
- Es reicht, wenn Sie das Gefühl der Wärme, die vom Bauch bis zu den Armen gleichzeitig zu spüren ist, für einen kurzen Moment in Ihrem Bewusstsein halten können
- Konzentrieren Sie sich wieder auf die Wärme in Ihren Händen und in Ihrem Bauch
- Nun schicken Sie die Wärme von Ihrem Bauch in Ihren Oberkörper bis in Ihren Kopf hinein
- Halten Sie das Gefühl der Wärme in Ihrem Bauch, Ihrem Oberkörper und Kopf in Ihrem Bewusstsein. Spüren Sie die Wärme in diesen Bereichen gleichzeitig und werden Sie sich ebenfalls Ihres Gegenpols bewusst
- Es reicht, wenn Sie das Gefühl der Wärme, die vom Bauch bis zum Kopf gleichzeitig zu spüren ist, für einen kurzen Moment halten können
- Konzentrieren Sie sich wieder auf die Wärme in Ihren Händen und in Ihrem Bauch

Wenn Sie diese Übung einige Male erfolgreich ausprobiert haben, können Sie sie noch um einen Schritt erweitern:

- Lassen Sie die Wärme aus Ihrem Bauch im ganzen Körper gleichzeitig spürbar werden und halten Sie das Gefühl der Wärme, die im ganzen Körper gleichzeitig zu spüren ist, für einen kurzen Moment in Ihrem Bewusstsein. Wenn Sie wollen, stellen Sie sich die Wärme gleichzeitig noch als ein Licht vor, welches Sie vor Ihrem inneren Auge wahrnehmen. Beobachten Sie, wie das Licht sich in Ihrem Körper ausbreitet. Spüren Sie nach dem Üben in sich nach, was Sie durch das Üben wahrnehmen konnten.

SIEBEN BEWUSSTSEINSÜBUNGEN

Die folgenden Übungen können zu jeder Zeit und nahezu überall durchgeführt werden. Die Übungen bestehen jeweils aus den Schritten 1 bis 7. Die Schritte 1, 2, 3, 4, 6 und 7 sind bei jeder Übung gleich. Schritt 5 beinhaltet das jeweilige Übungsthema, welches bei jeder einzelnen Übung ein anderes ist. Wenn Sie die Übungen also ein paar Mal ausprobiert haben, werden Sie die einleitenden und begleitenden Schritte bald auswendig beherrschen. Sie brauchen sich dann immer nur noch auf Schritt 5 zu konzentrieren.

Anmerkung: Bei den folgenden Übungen spielen zwei Berührungspunkte eine entscheidende Rolle. Zum einen der Berührungspunkt „Erde", den Sie mit Ihren Füßen berühren, dieser beinhaltet die gesamte geistig-energetische Information des „Innen" (Das Innen der Erde sowie das Innen von uns Menschen und allem irdischen Leben). Und zum anderen der Berührungspunkt „Himmel", den Sie mit Ihrem hocherhobenen Haupt berühren, dieser beinhaltet die gesamte geistig-energetische Information des „Außen" (Das Außen ist der umgebende Raum/das Universum). Bei den Übungen geht es darum, den inneren Kosmos mit dem äußeren zu verbinden und dadurch die Informationen in Fluss/in Austausch zu bringen!

Übung 1 – Selbstbewusstsein entwickeln/stärken

1. Sitzen Sie ruhig!
2. Stellen Sie beide Füße vollständig auf dem Boden ab! (Berührungspunkt Erde/Kosmos innen)
3. Sitzen Sie aufrecht und halten Sie Ihren Kopf hocherhoben! (Berührungspunkt Himmel/Kosmos außen)
4. Werden Sie sich kurz beider Berührungspunkte bewusst! (Verbindung Innen und Außen – kosmischer Fluss)
5. Formulieren Sie langsam und ganz bewusst – laut oder still im Geiste – folgende Aussage:

   Ich stehe zu meinen Wünschen, Bedürfnissen, Interessen, Talenten, Werten, Überzeugungen, Gedanken und Gefühlen. Darüber hinaus habe ich die Fähigkeit, Fehler einzugestehen und über alles neu nachzudenken und mich gegebenenfalls neu zu positionieren. Ich bin einzigartig und nehme selbstbewusst, dankbar und verantwortungsvoll einen – mir gebührenden – Platz in der Welt ein. In Liebe und zum Wohle aller!

6. Werden Sie sich nun wieder kurz der zuvor genannten, beiden Berührungspunkte bewusst! (Verbindung Innen und Außen – kosmischer Fluss)
7. Denken Sie nun nicht mehr über Ihr Bekenntnis nach. Lassen Sie es einfach los: Ganz selbstverständlich und ohne Zweifel lassen Sie nun die Energie Ihrer Worte im Kosmos wirken – innen wie außen.

Übung 2 – Selbstliebe entwickeln/stärken

1. Sitzen Sie ruhig!
2. Stellen Sie beide Füße vollständig auf dem Boden ab! (Berührungspunkt Erde/Kosmos innen)
3. Sitzen Sie aufrecht und halten Sie Ihren Kopf hocherhoben! (Berührungspunkt Himmel/Kosmos außen)
4. Werden Sie sich kurz beider Berührungspunkte bewusst! (Verbindung Innen und Außen – kosmischer Fluss)
5. Formulieren Sie langsam und ganz bewusst – laut oder still im Geiste – folgende Aussage:

   Ich liebe mich. Ich nehme mich so an, wie ich bin. Mit all meinen Stärken und all meinen Schwächen. Das, worin ich stark bin, erkenne ich an und wertschätze es. Das, worin ich schwach bin, erkenne ich an und stehe dazu. Wo es mir ein Bedürfnis ist, künftig zu wachsen, werde ich an mir arbeiten. Wo mir meine Schwächen egal sind, weil ich gut mit Ihnen leben kann, verschwende ich keine Zeit und Energie damit, diese zu entwickeln oder gar zu vertuschen. Ich nehme mich einfach so, wie ich bin. In Liebe und zum Wohle aller!

6. Werden Sie sich nun wieder kurz der zuvor genannten, beiden Berührungspunkte bewusst!
   (Verbindung Innen und Außen – kosmischer Fluss)
7. Denken Sie nun nicht mehr über Ihr Bekenntnis nach. Lassen Sie es einfach los: Ganz selbstverständlich und ohne Zweifel lassen Sie nun die Energie Ihrer Worte im Kosmos wirken – innen wie außen.

Übung 3 – Selbstvertrauen entwickeln/stärken

1. Sitzen Sie ruhig!
2. Stellen Sie beide Füße vollständig auf dem Boden ab! (Berührungspunkt Erde/Kosmos innen)
3. Sitzen Sie aufrecht und halten Sie Ihren Kopf hocherhoben! (Berührungspunkt Himmel/Kosmos außen)
4. Werden Sie sich kurz beider Berührungspunkte bewusst! (Verbindung Innen und Außen – kosmischer Fluss)
5. Formulieren Sie langsam und ganz bewusst – laut oder still im Geiste – folgende Aussage:

   Ich vertraue in meine Fähigkeiten, Interessen und Talente. Ich vertraue mir; ich kann mich jederzeit auf mich verlassen; ich vertraue auf meine Wahrnehmung; ich vertraue auf mein Bauchgefühl; ich vertraue meiner Intuition; ich vertraue meinem Geist; ich vertraue meiner Seele; ich traue mir zu, meinen Verstand sinnvoll zu gebrauchen. Zugleich traue ich mir zu, Momente in denen ich nicht genügend Selbstvertrauen in mir finden kann, zu erkennen und dabei an mir zu arbeiten. Ich kann das, denn ich kann mir vertrauen! In Liebe und zum Wohle aller!

6. Werden Sie sich nun wieder kurz der zuvor genannten, beiden Berührungspunkte bewusst!
   (Verbindung Innen und Außen – kosmischer Fluss)
7. Denken Sie nun nicht mehr über Ihr Bekenntnis nach. Lassen Sie es einfach los: Ganz selbstverständlich und ohne Zweifel lassen Sie nun die Energie Ihrer Worte im Kosmos wirken – innen wie außen.

Übung 4 – Innere Größe entwickeln

1. Sitzen Sie ruhig!
2. Stellen Sie beide Füße vollständig auf dem Boden ab! (Berührungspunkt Erde/Kosmos innen)
3. Sitzen Sie aufrecht und halten Sie Ihren Kopf hocherhoben! (Berührungspunkt Himmel/Kosmos außen)
4. Werden Sie sich kurz beider Berührungspunkte bewusst! (Verbindung Innen und Außen – kosmischer Fluss)
5. Formulieren Sie langsam und ganz bewusst – laut oder still im Geiste – folgende Aussage:

   Ich begegne meiner Umwelt mit Respekt und Güte; ich akzeptiere, dass jeder Mensch einzigartig ist und eigene Wertvorstellungen, Interessen, Bedürfnisse und Lebensgewohnheiten hat; ich verurteile und bewerte keine anderen Menschen, nur weil diese vielleicht anders denken, fühlen, glauben oder handeln als ich selbst; ich bin mir und anderen gegenüber aufrichtig und ehrlich; ich vertrete souverän und bestimmt meine Interessen, ohne mich dabei über andere zu erheben; ich muss mich nicht rechtfertigen oder nach außen beweisen, denn ich weiß, wer ich bin und ich stehe ganz einfach - frei und leicht - zu mir! In Liebe und zum Wohle aller!

6. Werden Sie sich nun wieder kurz der zuvor genannten, beiden Berührungspunkte bewusst! (Verbindung Innen und Außen – kosmischer Fluss)
7. Denken Sie nun nicht mehr über Ihr Bekenntnis nach. Lassen Sie es einfach los: Ganz selbstverständlich und ohne Zweifel lassen Sie nun die Energie Ihrer Worte im Kosmos wirken – innen wie außen.

Übung 5 – Anerkennung geben/bekommen

1. Sitzen Sie ruhig!
2. Stellen Sie beide Füße vollständig auf dem Boden ab! (Berührungspunkt Erde/Kosmos innen)
3. Sitzen Sie aufrecht und halten Sie Ihren Kopf hocherhoben! (Berührungspunkt Himmel/Kosmos außen)
4. Werden Sie sich kurz beider Berührungspunkte bewusst! (Verbindung Innen und Außen – kosmischer Fluss)
5. Formulieren Sie langsam und ganz bewusst – laut oder still im Geiste – folgende Aussage:

   Ich erkenne an, dass alle Menschen die gleichen Rechte haben. Ich erkenne die Bedürfnisse, Denk- und Verhaltensweisen anderer an. Genau wie ich selbst, so hat jeder Mensch seine Stärken und Schwächen. Ich erkenne an, dass andere nicht so denken, fühlen und handeln wie ich selbst. Ich kann nicht immer alles gut finden, was andere machen, aber jeder kann nur nach seinen eigenen Werten und Vorstellungen leben. Das gestehe ich jedem zu. Meine Fähigkeit andere, so wie sie sind, anzuerkennen, wird von anderen geschätzt und so erhalte auch ich von anderen große Anerkennung! In Liebe und zum Wohle aller!

6. Werden Sie sich nun wieder kurz der zuvor genannten, beiden Berührungspunkte bewusst!
   (Verbindung Innen und Außen – kosmischer Fluss)
7. Denken Sie nun nicht mehr über Ihr Bekenntnis nach. Lassen Sie es einfach los: Ganz selbstverständlich und ohne Zweifel lassen Sie nun die Energie Ihrer Worte im Kosmos wirken – innen wie außen.

Übung 6 – Optimismus entwickeln/stärken

1. Sitzen Sie ruhig!
2. Stellen Sie beide Füße vollständig auf dem Boden ab! (Berührungspunkt Erde/Kosmos innen)
3. Sitzen Sie aufrecht und halten Sie Ihren Kopf hocherhoben! (Berührungspunkt Himmel/Kosmos außen)
4. Werden Sie sich kurz beider Berührungspunkte bewusst! (Verbindung Innen und Außen – kosmischer Fluss)
5. Formulieren Sie langsam und ganz bewusst – laut oder still im Geiste – folgende Aussage:

   Ich entscheide mich dafür, das Positive in den Dingen zu sehen. Egal, was auch passieren mag, ich gehe immer davon aus, dass ich noch viele schöne Dinge in meinem Leben erfahren und erleben werde. Ich suche immer den Sinn in allen Begebenheiten, auch, wenn diese manchmal weniger erfreulich sein sollten. Ich bin und bleibe stets zuversichtlich, wenn ich an meine Zukunft denke. Ich male mir nicht unnötig aus, was alles Schlimmes passieren könnte, sondern stelle mir vor, welche wunderbaren Erfahrungen das Leben noch für mich bereithalten wird. In Liebe und zum Wohle aller!

6. Werden Sie sich nun wieder kurz der zuvor genannten, beiden Berührungspunkte bewusst! (Verbindung Innen und Außen – kosmischer Fluss)
7. Denken Sie nun nicht mehr über Ihr Bekenntnis nach. Lassen Sie es einfach los: Ganz selbstverständlich und ohne Zweifel lassen Sie nun die Energie Ihrer Worte im Kosmos wirken – innen wie außen.

Übung 7 – Ich fühle mich sicher und beschützt

1. Sitzen Sie ruhig!
2. Stellen Sie beide Füße vollständig auf dem Boden ab! (Berührungspunkt Erde/Kosmos innen)
3. Sitzen Sie aufrecht und halten Sie Ihren Kopf hocherhoben! (Berührungspunkt Himmel/Kosmos außen)
4. Werden Sie sich kurz beider Berührungspunkte bewusst! (Verbindung Innen und Außen – kosmischer Fluss)
5. Formulieren Sie langsam und ganz bewusst – laut oder still im Geiste – folgende Aussage:

   Ich habe Vertrauen in mein Leben. Ich fühle mich mit der göttliche Quelle verbunden und erkenne an, dass sich in allem, was in meinem Leben geschieht, ein Sinn entdecken lässt. Alles dient mir zum Lernen und alles bringt mich auf meinem Weg weiter. Ja, dessen bin ich mir sicher. Ich bin bereit, für das, was kommen wird. Mein Vertrauen bietet mir Schutz und dadurch wiege ich mich in Sicherheit. In Liebe und zum Wohle aller!!

6. Werden Sie sich nun wieder kurz der zuvor genannten, beiden Berührungspunkte bewusst!
   (Verbindung Innen und Außen – kosmischer Fluss)
7. Denken Sie nun nicht mehr über Ihr Bekenntnis nach. Lassen Sie es einfach los: Ganz selbstverständlich und ohne Zweifel lassen Sie nun die Energie Ihrer Worte im Kosmos wirken – innen wie außen.

Ein paar Worte zum Schluss

Nun haben Sie „Spirituell auf deine Weise“ kennengelernt. Sie haben einen Einblick bekommen, in welchen Denk- und Verhaltensmustern sowie Lebensumständen ich einst feststeckte und wie es dazu kam, dass ich mich verändern konnte.

Sie haben sich das Verbinden-Senden-Empfangen-Prinzip angesehen und sich Gedanken darüber machen können, woran Sie glauben. Durch das Kapitel „Ein unterstützendes Bewusstsein entwickeln“ wurden Sie dazu angeregt, neu über sich und andere nachzudenken sowie zur Definition Ihrer Ziele, Interessen und Talente angeleitet.

Mit dem spirituellen Ansatz dieses Buches und insbesondere mit dem spirituellen Übungsteil konnten Sie sich Ihrer eigenen Spiritualität vielleicht bereits annähern und eine leise Ahnung davon bekommen, wie wunderbar sich eine Verbindung mit dem universellen Gefüge anfühlen kann.

Mit „Spirituell auf deine Weise“ haben Sie anhand meines Beispiels erfahren, wie es möglich wird, sich aus einengenden Lebensumständen oder festgefahrenen Denk- und Verhaltensmustern zu befreien. Egal, wie aussichtslos es anfangs auch erscheinen mag. Ich selbst hätte es vor einiger Zeit nie für möglich gehalten, dass ich mich derart verändern und über mich hinaus wachsen konnte.

Meine Botschaft soll natürlich nicht die Empfehlung für jedermann sein, den Job zu kündigen, Beziehungen aufzulösen oder alles hinzuschmeißen um dann einer spirituellen oder künstlerischen Berufung nachzugehen. Nein, Veränderungen einzuleiten, die persönliches Wachstum ermöglichen, bedeuten für jeden Menschen etwas anderes. Es gibt unzählige Möglichkeiten das Leben zu leben und dabei einen eigenen Weg zu gehen. Lebenspartner, Kinder, Verwandte, Freunde und Bekannte sind dabei willkommene Weggefährten.

Ein Schlüssel, der Ihnen das Tor zu sich selbst öffnet, ist Ihre Trainingsmappe, die es ermöglicht, sich ernster zu nehmen und Selbstvertrauen zu entwickeln. Außerdem lässt die spirituelle Verbindung zu etwas „Höherem“, das Vertrauen in Ihr Leben wachsen. So bekommen Sie die Kraft, zu Ihren Bedürfnissen zu stehen, den Mut, Ihre Interessen und Talente ernst zu nehmen sowie die Zuversicht, Ihren Chancen und Möglichkeiten zu begegnen und Ihre Ziele zu erreichen.

Ich freue mich sehr, wenn Sie sich durch meine Aufzeichnungen dazu eingeladen fühlen, das Verbinden-Senden-Empfangen-Prinzip einmal für sich selbst auszuprobieren. Auch fände ich es wunderbar, wenn ich Sie dazu anregen konnte, Ihre Wahrnehmung zu erweitern, mit mehr Wertschätzung und Selbstvertrauen in jeden neuen Tag zu gehen sowie Dinge, die Ihr Leben erschweren, verändern zu wollen.

Das Üben mit Ihrer Trainingsmappe sorgt dafür, dass Sie Ihre guten Vorsätze und Ziele nicht wieder aus den Augen verlieren und Sie Ihren Wünschen und Träumen jeden Tag ein kleines Stück näher kommen können. Bewusst und unbewusst. Sie bleiben auf Ihrem Weg!

Alles Gute für Sie!

Ihr Ralf Hillmann

Dank

Mein Dank gilt allen, die ihren Beitrag dazu geleistet haben, dass ich „Spirituell auf deine Weise“ entwickeln und herausgeben konnte. Ohne diese wertschätzende Anteilnahme hätte ich mein Projekt nicht realisieren können.

Insbesondere danke ich an dieser Stelle:

Karin Moder und Claudia Roskoni für wertvolle Anregungen und aufrichtige Anteilnahme von Anfang an.

Tobias Schnotale, Susanna Selvadurai, Dr. Marion Marshall, Olaf Schallenberg, Margit Paul und Marlies Schnirel für wertvolles Feedback und Unterstützung in vielerlei Hinsicht.

Myriam Tonga Götze für wunderbare spirituelle Erfahrungen und viel mehr als nur ein wertschätzendes Feedback.

Auch möchte ich Gerda Zembrod, Sylvia Pilz, Myriam Tonga Götze und Claudia Roskoni für viele gemeinsame tänzerische Expeditionen und Experimente danken, die mich sehr inspiriert haben.

Last but not least danke ich Susann Sontag, die mich dazu ermutigte, „Spirituell auf deine Weise“ neu aufzulegen und über ihren LebensSchritte Verlag herauszugeben.

Ralf Hillmann
im Januar 2015

Der LebensSchritte Verlag und seine Bücher:

Ralf Hillmann
Spirituell auf deine Weise
Ein Arbeitsbuch zur Fokussierung des eigenen Lebensglücks
ISBN: 978-3945494011 – auch als eBook erhältlich

Ralf Hillmann
Das Geheimnis der blauen Tränen
Rührendes, spirituelles Märchen/Kurzgeschichte
ISBN 978-3945494028 – auch als eBook erhältlich

Susann Sontag und Katrin Sontag
Was Ihr Bauch Ihnen sagen will
Ein Lese- und Übungsbuch, wenn Magen und Darm streiken
ISBN: 978-3945494035 – auch als eBook erhältlich

Ralf Hillmann
Das Orakel der Engel
Ein Buch mit 150 Engeln zum effektiven Selbstcoaching
ISBN: 978-3945494004 – auch als eBook erhältlich

Susann Sontag
Schreiben Sie Ihr Lebensdrehbuch neu
Ein Lese- und Übungsbuch zur ganzheitlichen Lebenshilfe
ISBN: 978-3981588453 – auch als eBook erhältlich

Ralf Hillmann
Persönliche Krafttierreisen
Ein Buch als Anleitung zum Krafttierreisen
ISBN: 978-3981588477 – auch als eBook erhältlich

Susann Sontag
Kennen Sie Ihren Weg?
Ein Lese- und Übungsbuch zur ganzheitlichen Lebenshilfe
ISBN: 978-3981588408 – auch als eBook erhältlich

Ralf Hillmann
Das Orakel der Krafttiere
Ein Buch mit 170 Krafttieren zur Selbstreflexion
ISBN-13: 978-3981588422 – auch als eBook erhältlich

Alle Informationen und weitere Bücher unter:
www.amazon.de
www.lebensschritte-verlag.de